원서발췌
고승전

고전 명작을 읽는 가장 쉬운 길,
'지식을만드는지식 원서발췌'

축약, 해설, 리라이팅이 아닙니다. 원전의 핵심 내용을 문장 그대로 가져옵니다. 작품의 오리지낼리티를 가감 없이 느낄 수 있습니다.

두껍고 읽기 어려워 책장을 덮어 버리곤 했던 고전을 발췌합니다. 해당 작품을 연구한 전문가가 작품의 정수를 가려 뽑아냅니다. 핵심만 읽기 때문에 더 빠르게 더 많은 고전을 읽을 수 있습니다. 제외된 부분은 중간중간 친절하게 요약 설명합니다. 풍부한 해설과 주석으로 전체 내용을 파악하는 데 무리가 없습니다. 정확한 번역, 적절한 윤문으로 10대에서 80대까지 누구나 쉽게 읽을 수 있습니다. 콤팩트한 사이즈와 분량이므로 간편하게 휴대할 수 있습니다. 수천 쪽의 고전을 발췌된 내용으로 읽고도 전체 의미를 파악할 수 있는 것이 지식을만드는지식 원서발췌의 매직입니다. 발췌율은 표지에 표시하고 발췌 방법은 일러두기에 상세히 밝힙니다.

고전 독자를 발췌 읽기에서 완역 읽기로, 더 나아가 원전 읽기로 안내합니다. 바쁜 현대인들에게 새로운 고전읽기 방법을 제시합니다.

원서발췌
고승전

高僧傳

석혜교(釋慧皎) 지음
변귀남 옮김

대한민국, 서울, 지식을만드는지식, 2026

편집자 일러두기

- 이 책은 탕융퉁(湯用彤) 교주본《고승전(高僧傳)》(北京: 中華書局, 1992)을 저본으로 하고, 주헝푸(朱恒夫) 등이 역주한《신역고승전(新譯高僧傳)》(台北: 三民書局, 2005)을 참고해 번역했습니다.
- 중국 불교사에서 가장 두드러진 업적을 이룬 승려 여섯을 〈역경(譯經)〉·〈의해(義解)〉·〈신이(神異)〉 편에서 발췌했습니다.
- 옮긴이가 첨가한 어구가 있거나 괄호 안의 말과 바깥 말의 독음이 다를 때, 괄호가 중복될 때 [ ]를 사용했습니다.
- 주석은 모두 옮긴이가 작성한 것입니다.
- 이 책은 2014년 4월 25일 '천줄읽기' 시리즈로 처음 출간했다가 이번에 '원서발췌' 시리즈로 옮겨 출간합니다.

차례

고승전

1. 한 낙양의 안청

안청(安淸)은 자(字)가 세고(世高)이며, 안식국(安息國)[1] 왕과 왕후 사이에서 태어난 태자였다. 어려서부터 효행으로 칭송받았고, 품은 뜻과 총명함이 뛰어날 뿐만 아니라 배우기를 좋아해 외국의 전적(典籍)과 칠요(七曜),[2] 오행(五行), 의술[醫方], 신비한 술법[異術], 새와 짐승이 내는 소리에 이르기까지 통달하지 않은 것이 없었다. 일찍이 길을 가다가 제비 떼를 보고 문득 같이 가던 동료에게 "제비들이 반드시 먹을 것을 보내는 자가 있을 것이라 하네"라고 말했다. 얼마 후 과연 먹을 것이 왔다. 모두들 기이하게 여겼으며, 이 때문에 그 뛰어나고 남다른 명성이 일찍부터 서역에 퍼졌다. 안세고는 비록 속가(俗家)에서 수행했으나 계율을 받들어 엄격히 지켰으며, 부왕(父王)이 세상을 떠나자 왕위를 계승했지만 [인생의] 고(苦)와 공(空)을 깊이 깨닫고 육신과 물질의 속박을 혐오했다. 따라

---

1) 안식국(安息國) : 고대의 파르티아(Parthia) 왕국으로 지금의 이란 지역에 세워진 나라다.

2) 칠요(七曜) : 해 · 달 · 수성 · 금성 · 화성 · 목성 · 토성 등 일곱 별의 운행을 관찰해 운명을 점쳤던 고대 인도의 점성술이다.

서 부왕의 복상(服喪) 기간을 마치자 드디어 왕위를 숙부에게 양보한 뒤에 출가해 불도를 닦았다. 그는 불교 경전에 두루 통달했고, 특히 아비담학(阿毘曇學)[3]에 뛰어났다. 또 선경(禪經)을 잘 외웠으며, 그 오묘함을 모두 깨달았다. 얼마 후에는 사방으로 여행하며 불교의 가르침을 널리 폈고, 여러 나라를 편력하다가 한(漢) 환제(桓帝) 초기에 처음 중국에 이르렀다. 그는 재주가 뛰어나고 깨달음이 민첩해 한번 들으면 경전에 통달했고, 머무른 지 얼마 지나지 않아 곧 중국어에도 능통하게 되었다. 그리하여 서역의 여러 경전을 중국어로 번역하니 《안반수의경(安般守意經)》·《음지입경(陰持入經)》·《대십이문론(大十二門論)》·《소십이문론(小十二門論)》·《백육십품(百六十品)》 등이다. 처음에는 외국 승려 중호(衆護)가 경전의 요점을 27장으로 만들었다. 안세고는 중호가 찬집한 책 가운데 일곱 장을 분석하고 한문으로 옮겼는데, 이것이 곧《수행도지경(修行道地經)》이다. 안세고가 전후로 번역한 경전과 논서는 모두 39부로 그 이치와 의미가 바르고

---

3) 아비담학(阿毘曇學) : 아비달마(阿毘達磨)라고도 한다. 주로《아함경》을 연구, 서술한 소승불교의 학파다. 이 학파의 대표적인 저작으로는 《아비달마발지론(阿毘達磨發智論)》·《대비바사론(大毘婆沙論)》 등이 있다.

분명하며, 문자는 올바르고 분명하되 화려하지 않았고, 문장은 질박하면서도 거칠지 않았다. 이것은 대개 독자들이 열심히 경전을 읽어도 싫증나지 않게 하려는 것이었다. 안세고는 만물의 이치와 품성을 남김없이 알았고, 스스로의 숙연(宿緣)도 알고 있었으며, 신비한 행적이 많아 세상 사람들이 능히 그를 헤아릴 수 없었다. 일찍이 그는 자신이 전생에도 출가한 승려였다고 말했다. 전생에 같이 공부한 승려 중에 화를 잘 내는 이가 있었는데 걸식하러 가서 시주가 좋지 않게 말할 때면 매번 원망했다. 안청이 여러 차례 그를 꾸짖고 타일렀으나 끝내 뉘우치거나 고치지 않았다. 이처럼 20여 년이 지난 후 안세고는 그 수행자와 작별하면서, "나는 광주(廣州)로 가서 숙세의 원한을 끝내야 한다. 그대는 경전에 밝고 수행이 지극해 나에게 뒤지지 않는다. 그러나 화내는 일이 많아 생명을 마치면 응당 추악한 모습을 받을 것이다. 내가 득도한다면 반드시 그대를 제도하리라"라고 말했다. 이후 마침내 광주로 갔다. 때마침 도적떼의 난리가 일어났는데 길을 가다가 어떤 소년을 만나게 되었다. 그 소년은 손에 침을 뱉고 칼을 뽑아들며, "드디어 너를 찾았구나"라고 말했다. 안세고는 웃으면서 "내가 전생에 그대에게 빚을 졌기 때문에 멀리서 그 빚을 갚으려고 온 것이다. 그대의 분노는 전생에서 가졌던 생각이다"라고 했다. 이에 목을 늘이고 칼을 받았으나 얼굴에는 두려운 기색이 없었으며 도적은 마침내 그를 죽였다. 구경하던 사람들이 길을 가득 메웠고 그 기이한 일에 놀라지 않은 사람이 없었다. 그 후 영혼이 세상으로 돌아와 안식국 왕의 태자가 되었으니 바로 현세 안세고의 몸이다.

안세고가 중국 각지를 돌며 교화하고 불경을 전파하는 일을 마쳤을 때는 영제(靈帝) 말엽으로, 관중(關中)과 낙양(洛陽)에 전란이 일어났으므로 강남(江南) 지방으로 갔다. 그는 "나는 여산(廬山)을 지나야 하며 그곳에서 옛날 동료 수행자를 제도해야 한다"고 했는데, 여정이 공정호(邦亭湖)의 사당에 이르렀다. 이 사당은 옛날부터 영험이 있어 상인과 여행자가 기도를 올리면 바람이 위아래로 나누어지고, 지체하는 일 없이 배가 순조롭게 나아갈 수 있었다. 일찍이 사당의 대나무[神竹]를 구하려는 자가 있어 허락도 없이 대나무를 가져갔는데, 그가 탄 배는 침몰하고 대나무는 원래 자리로 돌아왔다. 이로부터 뱃사람들은 [공정호의 신을] 공경하고 꺼리게 되었고 그림자조차 두려워했다. 안세고와 함께 여행하는 배 30여 척은 제물을 바치고 복을 빌었다. 사당의 신이 강림해 "배에 승려가 있으니 불러오라" 했다. 나그네들은 모두 놀라면서 안세고를 사당으로 모셨다. 사당의 신이 안세고에게 말했다. "내가 전생에 외국에서 그대와 함께 출가해 수도하며 보시에 힘썼으나 성품이 화를 내는 일이 많았으므로 지금 공정호의 신령이 되었습니다. 주변 천리가 모두 내가 관할하는 곳으로, [전생에] 보시했기 때문에 얻은 진귀한 물건과 보물이 많습니다. 그러나 성을 잘 내었기 때문에 이러한 신령으로 떨어지는 응보를 받았습니다. 이제 함께 수도하던 동료를 만나니 슬프기도 하고 기쁘기도 합니다. 나는 수명이 곧 다할 것인데 모습이 추악하고 거대해 이곳에서 목숨을 마친다면 강과 호수를 더럽힐 것이니 산의 서쪽 못으로 가고자 합니다. 이 몸이 죽은 후 지옥에 떨어질까 두려우니 내가 가진 비단 천 필과 여러 가지 보물로 법회를 열고 탑을 세워 주면 좋은 곳에 태어날 것입니다." 그러자 안세고가 "일부러 제도하러 왔는데 어찌 모습을 드러내지 않습니까?"라고 물었다. 신령이 "몸뚱이가 심히 추악해 사람들이 반드시 두려워할 것입니다"라고 했다. 안세고가 말했다. "단지 몸만 보여 주십시오. 사람들이 괴상하게 여기지 않을 것입니다." 공정호의 신령이 제단 뒤에서 머리를 드러냈는데 커다란 뱀이었으며, 꼬리의 길이가 얼마나 되는지 알 수 없을 만큼 컸다. 안세고의 무릎까지 다가오자, 안세고는 그를 향해 범어(梵語) 몇 마디를 말하고 범패 몇 가락을 불렀다. 큰 뱀은 슬픔의 눈물을 비 오듯 흘리다가 잠깐 사이 사라졌다. 안세고는 비단과 보물을 거두어 신령과 작별하고 갔다. 배들이 돛을 올리고 출발하자 큰 뱀이 다시 모습을 드러내 산에서 내려다보았는데, 사람들이 손을 들어 작별하자 사라졌다. [안세고 일행은] 잠깐 사이 예장군(豫章郡)에 도착해 공정호 사당에서 얻은 보물로 동사(東寺)를 세웠다. 안세고가 떠나간 뒤 공정호 신령의 목숨도 다했다. 저녁 무렵 어떤 소년이 배 위에 올라와 안세고 앞에 무릎을 꿇고 축원을 받더니 갑자기 사라졌다. 안세고는 배에 있던 사람들에게, "방금 왔던 소년은 공정호 사당의 신령으로 [뱀의] 추악한 모습을 벗어나게 되었다"고 말했다. 이리하여 사당의 신령이 사라지자 다시는 영험한 일이 나타나지 않았다. 나중에 어떤 사람이 산 서쪽 못에서 뱀 한 마리가 죽어 있는 것을 보았는데, 머리부터 꼬리까지 길이가 몇 리에 이르렀다고 한다. 지금의 심양군(潯陽郡) 사촌(蛇村)이 그곳이다.

이후 안세고는 다시 광주로 가서 전생에 자신을 해쳤던 소년을 찾았는데, 당시의 그 소년은 여전히 살아 있었다. 안세고가 곧바로 소년의 집으로 가서 옛날 빚을 갚아야 했던 전생의 인연을 설명해 주자, 서로 기뻐했다. 안세고는 "나는 아직도 남은 과보가 있으니 이제 회계(會稽) 지방으로 가서 인연을 마치고자 합니다"라고 했다. 광주에 살던 소년은 안세고가 비범한 인물임을 알고 활연하게 마음이 풀리고 옛 허물을 뉘우치고 많은 재물을 마련해 안세고를 따라 동쪽 회계 지방까지 함께 이르렀다. 도착해서 바로 시장으로 갔다가 때마침 시장에서 치고받으며 싸우는 자들을 만났는데, 잘못해서 머리를 맞아 죽고 말았다. 광주에서 따라왔던 소년은 연이어 두 가지 응보를 겪고 나서 부지런히 불법을 닦게 되었다. [아울러] 이 일의 인연을 설명했더니 주위에서 듣고 슬퍼하지 않는 이가 없었으며, 삼세(三世)의 응보가 있음을 분명히 알게 되었다. 안세고는 왕족 출신이므로 서역에서 온 손님들은 모두 그를 '안후(安侯)'라고 불렀으며, 지금까지도 그렇게 부르고 있다. 천축국에서는 자신들의 글을 '천서(天書)'라고 부르고 자신들의 말을 '천어(天語)'라고 한다. 말과 뜻이 괴이하고 어려우며 한나라 말과 크게 달라 [안세고의] 전후로 번역한 경전이 그릇되고 잘못된 것이 많았다. 오직 안세고가 번역한 경전만이 여러 경전 가운데 으뜸이 되었다. 도안(道安)은 만약 안세고를 만나 가르침을 받는다면 부처님을 뵙는 것과 같을 것이라고 여겼으며, 역대의 덕망 있는 고승들도 모두 안세고를 찬양하고 사모했다. 내가 여러 경전의 기록을 찾아보았더니 안세고를 기록한 내용들은 서로 차이가 있었다. 사적이 숨겨지거나 드러난 것도 있고, 감응이 있거나 없는 등 복잡다단했다. 혹은 전달하는 자가 잘못 듣고 착오가 생기기도 했는데, 차이 나는 여러 기록들을 있는 그대로 갖추어 두면, 아마 [나중에] 논의할 수 있을 것이다.

석도안(釋道安)의 《종리중경목록(綜理衆經目錄)》에, "안세고는 한나라 환제(桓帝) 건화(建和) 2년(148)에서 영제(靈帝) 건녕(建寧) 연간(168～171)까지 20여 년에 걸쳐 경전 30여 부를 번역했다"고 했다. 또한 《안세고별전(安世高別傳)》에는 다음과 같은 기록이 있다. "서진(西晉) 태강(太康) 연간(280～289) 말에 안후도인(安侯道人)이 상원(桑垣)에 이르러 경전을 번역한 후 상자에 봉함해 절에 두면서, '4년 뒤에 열어 봐도 된다'고 했다. 오(吳)나라 말엽 그는 양주(楊州)로 가서 사람을 시켜 한 상자의 물건을 팔게 하고 노예 한 사람을 샀는데, 그의 이름을 복선(福善)이라고 부르며 '나의 선지식(善知識)이다'라고 했다. 이에 노예를 데리고 예장군으로 가서 공정호의 신령을 제도하고 신령을 위해 절을 세웠다. [그 후에] 복선이 칼을 가지고 안후의 옆구리를 찔러, 안후는 죽었다. 상원 사람들이 봉했던 상자를 열고 문서를 정리해 보니 다음과 같은 글이 있었다. '내 도를 높일 자는 거사 진혜(陳慧)이며, 선경(禪經)을 전할 자는 비구 강승회(康僧會)다.' 이날이 바로 [안후도인이 말했던] 4년째 되던 날이었다." 또한 유중옹(庾仲雍)의 《형주기(荊州記)》에 이렇게 기록되어 있다. "서진 초기에 안세고라는 승려가 있어서 공정호의 신령을 제도하고 얻은 재물로 형주성의 동남쪽 모퉁이에 백마사(白馬寺)를 세웠다." 송(宋) 임천강왕(臨川康王) 유의경(劉義慶)의 《선험기(宣驗記)》에서 말했다. "큰 뱀이 오나라 말엽에 죽었다." 담종(曇宗)의 《탑사기(塔寺記)》에서 말했다. "단양(丹陽)의 와관사(瓦官寺)는 서진 애제(哀帝) 때 승려 혜력(慧力)이 세운 절이다. 후에 승려 안세고가 공정호의 신령이 남긴 재물로 그 절을 수리했다." 그러나 도안 법사는 여러 경전들을 교열해 번역문을 편찬했으니, 틀림없이 착오가 없을 것이다. 한나라 환제(桓帝) 건화(建和) 2년에서 서진(西晉)의 태강(太康) 말엽까지는 대략 140여 년이 되는데 만약 안세고가 장수했다면 혹 [《안세고별전》에서 말한] 이와 같은 일도 있을 수 있겠으나 실상은 그렇지 않았다. 무슨 까닭인가? 강승회가 주석한 〈안반수의경서(安般守意經序)〉에 이렇게 적혀 있다. "이 경전은 안세고가 번역한 것인데 오랫동안 감추어져 있었다. 마침 남양(南陽)의 한림(韓林)과 영천(穎川)의 문업(文業) 및 회계(會稽)의 진혜(陳慧) 등 세 현자는 불교를 독실하게 믿고 있었으므로 나는 그들의 가르침을 받았다. 이에 진혜가 뜻을 풀이하니 경전의 뜻을 짐작하는 데 도움이 되었다." 강승회는 서진의 태강 원년(280)에 입적했는데 그러나 [〈안반수의경서〉에서는] 이미 "이 경전은 번역하고 나서 오랫동안 감추어져 있었다"고 했다. 또한 안세고가 봉함한 상자의 글에서도 "내 도를 높일 자는 거사 진혜이며, 선경을 전할 자는 비구 강승회다"라고 했다. 《안반수의경》에서 밝힌 것도 선정 공부를 강조하는 내용이므로, 봉함한 상자의 글이 거짓이 아님을 알 수 있다. 이미 "내 도를 두 사람이 전한다"고 말한 이상 [안세고와 두 제자의] 시대가 같을 수 있겠는가? 또한 《안세고별전》에서는 스스로 "선경을 전할 자는 비구 강승회다"라고 했지만 강승회는 이미 태강 연간 초기에 입적했으니, 어찌 태강 연간 말엽에 안후도인이 존재했겠는가? [《안세고별전》은] 전후의 기록이 서로 모순되어 있다. 한번 《안세고별전》에서 서진 초기라고 잘못 기재하자, 후대의 모든 작자들이 혹자는 태강 연간이라 하고, 혹자는 오나라 말엽이라고 하는 등 덩달아 부화뇌동하게 되어 교정하고 바로잡을 수가 없었다.

이미 서진 초기라는 주장도 확정하기 어려운데 담종(曇宗)은 "서진 애제 때 안세고가 다시 절을 수리했다"고 기록했으니, 그 잘못된 주장은 아주 현격하다.

2. 오 건업 건초사의 강승회

강승회(康僧會)는 그 선조가 강거국(康居國)[4] 사람이며 대대로 천축(天竺)에 살았는데, 그의 아버지가 상인이었으므로 교지(交趾)[5]로 이주해 살았다. 그가 열 살 될 무렵 부모님이 모두 돌아가시자 극진한 효성으로 상(喪)을 마치고 출가했다. 그는 엄격히 수행했으며, 사람됨이 고상하고, 학식과 도량이 넓었으며, 배움에 온 힘을 기울였다. 삼장(三藏)[6]을 밝게 알았으며, 유교의 육경(六經)을 두루 읽었고, 천문(天文)과 도위(圖緯)[7]에 이르기까지 핵

---

4) 강거국(康居國) : 현재의 우즈베키스탄 부근인 중앙아시아 키르기스 초원 일대에 존재했던 투르크계 유목민족 왕국이다.

5) 교지(交趾) : 현재의 베트남 하노이 이북 일대를 지칭하는 지명이다.

6) 삼장(三藏) : 불교 경전을 경장(經藏) · 율장(律藏) · 논장(論藏) 세 가지로 분류한 것이다. 경장(經藏)은 부처의 가르침을 제자들이 기록한 것이며, 율장(律藏)은 승려들이 지켜야 할 계율을 모아 놓은 것이다. 논장(論藏)은 후대의 승려들이 경장과 율장의 내용에 주석을 더하거나 해설을 붙여서 만든 논서를 말한다.

7) 천문(天文)과 도위(圖緯) : '천문'이란 오늘날의 천문학과는 달리 하늘의 별, 달 등 천체 현상의 변화를 통해 인간세상의 길흉화복을 판단하는 고대의 점성술이다. '도위'는 신비하게 그려진 주문이나 부적 등

심을 잘 설명하고 글을 잘 지었다. 당시에는 손권(孫權)이 이미 강좌(江左)[8] 지방을 지배했으나 부처님의 가르침이 아직 전해지지 않았다. 이보다 앞서 지겸(支謙)이라는 우바새(優婆塞)가 있었는데 자는 공명(恭明), 다른 이름은 월(越)이라고 했다. 그는 본래 월지국(月氏國) 사람으로 한나라를 두루 돌아다녔다. 당초 한나라 환제(桓帝)와 영제(靈帝) 연간(147~189)에 지참(支讖)이라는 이가 많은 경전을 번역했다. 또한 자를 기명(紀明)이라고 하는 지량(支亮)이란 사람이 있어 지참에게 불교를 배웠고, 지겸은 다시 지량으로부터 배웠다. 지겸은 불교 경전을 두루 열람해 정통하지 않은 것이 없었고, 세간의 기예도 널리 익혔으며, 기이한 서적들을 두루 열람했고, 여섯 나라의 말에 능통했다. 그는 키가 크고 호리호리한 몸매에 피부가 검고 눈동자는 작으면서 노란색을 띠었다. 당시 사람들이 그에 대해, "지겸은 노란 눈동자에 체구는 비록 호리호리하지만 지혜 주머니다"라고 했다. 한나라 헌제(獻帝, 189~220) 말년 전란이 일어나자 오나라로 피난을 갔다. 오

을 가지고 인간세상의 길흉을 판단하는 운명 예언학의 일종이다.

8) 강좌(江左) : 양자강 하류의 동쪽 지역으로 고대에는 동쪽을 좌(左)로 표시했다. 즉 강남 지방을 일컫는다.

왕 손권은 지겸이 재주와 지혜가 뛰어나다는 말을 듣고 그를 불러 만난 후 기뻐하며 박사(博士) 벼슬을 주고 태자를 가르치게 했으며, 위요(韋曜) 등 여러 사람과 더불어 태자를 바로잡고 보필하도록 했다. 그러나 지겸이 이역(異域)에서 태어났기 때문에 《오지(吳志)》에는 그의 전기가 실리지 않았다. 그는 비록 불교가 전해졌으나 범문(梵文)으로 된 경전이 매우 많아 번역이 아직 다 이루어지지 못했다고 여기고, 자신이 서역의 방언에 뛰어났으므로 많은 판본을 수집해 한어(漢語)로 번역했다. 오나라 황무(黃武) 원년(222)부터 건흥(建興) 연간(252~253) 동안에 지겸은 《유마경(維摩經)》·《대반니원경(大般泥洹經)》·《법구경(法句經)》·《서응본기경(瑞應本起經)》 등 마흔아홉 가지 경전을 번역했는데, 부처님의 뜻을 곡진히 표현했으며 그 문장은 전아했다. 또한 《무량수경(無量壽經)》·《중본기경(中本起經)》 등에 근거해 보리연구(菩提連句) 범패(梵唄)[9] 삼부[三契]를 만들었으며, 아울러 《요본생사경(了本生死經)》 등을 주석했는데 모두 세상에 전파되었다. 당시 오나라 땅에는 처음으로 불교가 전파되었으나 교화가 충

9) 보리연구(菩提連句) 범패(梵唄) : 연구와 범패는 모두 불교의 가르침을 찬양하는 시게(詩偈)를 말한다. 대개 시구(詩句) 형태로 불교의 진리를 찬양하고 노래 부르는 악곡 가사라고 추정한다.

분하지 않았으므로 강승회는 불법을 진흥하고 절을 세우고자 석장을 짚고 양자강 동쪽 지방으로 갔다. 오나라 적오(赤烏) 10년(248)에 처음으로 건업(建鄴)에 도착해 초가집을 지어 불상을 모시고 불도를 전파했다. 당시 오나라는 승려를 처음 보았는데 겉모습만 보고 불도를 접한 적이 없었으므로, 기이하다고 의심했다. 담당하는 관리가 "서역 사람이 우리 나라에 들어와 자칭 사문(沙門)[10]이라고 하는데, 용모와 복색이 평범하지 않으니 응당 조사해야 합니다"라고 [오왕에게] 아뢰었다. 손권이 "옛날 한나라 명제(明帝)가 꿈에 신인(神人)을 보고 부처라고 불렀으니, 그가 섬긴다는 것은 그때 남겨진 풍속이 아니겠는가?"라고 하고 곧바로 강승회를 불러 어떤 영험이 있는지 물었더니 그가 이렇게 대답했다. "석가여래께서 열반하신 지 이미 천 년이 넘었으나 남기신 유골과 사리는 신령스러움이 비치지 않는 곳이 없습니다. 옛날 아소카왕[阿育王]이 [부처님의 유골과 사리를 위해] 탑을 8만 4000개 세웠습니다. 대개 탑과 사원의 건설은 부처님이 남기신 교화를 드러내고자 하는 까닭입니다." 손권은 [강승회의 말이] 허황하고

---

10) 사문(沙門) : 산스크리트어 sramana. 출가 수행자를 가리키는 말로 중국에 불교가 처음 전해졌을 때 '도인(道人)'과 혼용했다.

과장된 것이라고 여겨 강승회에게 말했다. “만약 부처의 사리를 얻을 수 있다면 응당 탑을 세울 것이나, 그것이 허황된 말이라면 나라에서 정한 형법에 따라 처리할 것이다.” 강승회는 7일을 요청했고 이어서 제자들에게 말했다. “불법이 흥하느냐 망하느냐는 이번 일에 달려 있다. 지금 지극한 정성을 다하지 않는다면 장차 어디로 가겠느냐?” 이에 모두 조용한 방에서 재계한 후 탁자 위에 구리병을 올려놓고 향을 사르며 절했다. 기한인 7일이 다 되었지만 [구리병이] 조용하기만 할 뿐 아무런 반응이 없자 다시 7일을 더 요청했으나 역시 마찬가지였다. 손권은 “이것은 거짓이다”라고 하면서 형벌을 가하려고 했으나 강승회가 다시 7일을 더 요청하니 특별히 허락했다. 강승회는 제자들에게 “공자는 일찍이 ‘주나라 문왕이 세상을 떠났으니 천하의 법도가 어찌 나에게 있지 않겠는가’라고 말한 바 있다. 불법의 영험은 응당 내릴 것이다. 그러나 우리에게 감응력이 없다면 어찌 국법을 빌릴 것인가? 반드시 죽음을 맹세하고 기약해야 할 것이다”라고 말했다. [세 번째] 이레째 저녁까지 아무것도 나타나지 않자 모두 두려워했다. 야밤 오경(五更)이 지나자 갑자기 구리병에서 쨍그랑 하는 소리가 들려 강승회가 직접 살펴보니 과연 사리가 있었다. 이튿날 아침 손권에게 올렸더니 모든 조정 관리들이 모여 구경했는데, 오색 광채가 구리병 위로 뿜어져 나왔다. 손권이 친히 구리병을 잡고 구리쟁반 위로 기울였더니 사리가 부딪치면서 [닿은 곳의] 구리쟁반이 부서졌다. 손권이 놀라 얼굴빛을 숙연히 하고 일어나, "드물게 보는 상서로움이다"라고 했다. 강승회가 앞으로 나아가 아뢰었다. "사리의 위신력이 어찌 광채에만 있겠습니까? 영원한 불꽃으로도 태울 수 없고, 금강저(金剛杵)로도 부술 수 없습니다." 손권은 사리를 시험해 보라고 명령했다. 강승회는 다시 서원을 올리기를, "법운(法雲)이 천하를 뒤덮고 만백성이 은택을 입을 수 있도록 다시 신령한 자취를 내리시어 널리 영험을 보이소서"라고 기원했다. 이어 사리를 쇠다듬이 위에 놓도록 하고 힘센 역사로 하여금 쇠망치를 들어 내려치게 했다. 그러자 쇠다듬이와 쇠망치는 움푹 파였으나 사리는 아무런 손상도 입지 않았다. 손권이 크게 감탄해 곧바로 탑을 세우게 했는데, 처음으로 지은 불교 사원이므로 이름을 건초사(建初寺)라고 하고, 그 지역의 이름을 불타리(佛陀里)라고 했다. 이로 말미암아 강좌 지역에 드디어 불법이 흥성했다.

[손권의 손자] 손호(孫皓)는 즉위하자 법령을 가혹하게 하고 사당들을 폐쇄했으며 불교 사원까지 모두 파괴하고

자 했다. 손호가 말했다. "이들이 무슨 힘으로 흥성했는가? 만약 그 가르침이 진실해 성인들의 경전과 상응하는 것이 있다면 응당 그 도리를 받들 것이나, 만약 진실하지 않다면 모두 태울 것이다." 모든 신하들이 함께 말하길, "부처의 위신력은 다른 신들과는 다릅니다. 강승회가 상서로움을 감응했으므로 대황제께서 절을 창건하셨는데, 이제 만약 경솔히 허문다면 아마 후회하실 것입니다." 손호는 장욱(張昱)을 절로 보내 강승회에게 물어보도록 했다. 장욱은 언변이 좋아 종횡으로 어려운 질문을 퍼부었는데 강승회는 질문이 떨어지자 곧바로 대답했으며, 답변이 조리 있고 예리해 아침부터 저녁까지 변론했지만 굴복시키지 못했다. 장욱이 물러나오자 강승회가 절 문에서 배웅했다. 이때 마침 절 옆에 미신을 믿는 사당이 있었으므로 장욱이 물었다. "[불법의] 현묘한 교화가 이미 천하에 드날리고 있다면 어찌하여 가까이 있는 무리도 바꾸지 못합니까?" 강승회가 대답했다. "벼락이 산을 쳐부수더라도 귀머거리가 듣지 못하는 것은 소리가 작기 때문이 아닙니다. 참으로 진리와 상통한다면 만 리 밖에서도 호응할 것입니다. 만약 막혀 있다면 간과 쓸개처럼 가까운 거리라도 초나라와 월나라처럼 멀어지는 것입니다." 장욱은 조정으로 돌아간 후 탄복하며 아뢰길, 강승회의 재주와 지혜는 자신이 헤아릴 수 있는 바가 아니니 황제께서 직접 살펴보시도록 청했다. 손호는 조정의 현명한 신하들을 모으고 말과 수레를 보내 강승회를 영접했다. 강승회가 자리에 앉자 손호가 물었다. "부처의 가르침에 선한 행위와 악한 행위에는 응보가 있다고 하는데, 어떤 것을 선과 악의 응보라고 하는가?" 강승회가 답했다. "대개 현명한 임금이 효도와 자애로써 세상을 가르치면 붉은 까마귀가 날고 노인성[老人星, 남극성(南極星)]이 나타납니다. 인덕(仁德)으로 만물을 기르면 예천(醴泉)의 샘물이 솟아오르고 신령한 벼이삭[嘉苗]이 싹튼다고 합니다. 선한 행위에 상서로움이 있듯이 악한 행위에도 나쁜 과보가 있습니다. 그러므로 은밀한 곳에서 나쁜 일을 하면 귀신이 알고 벌을 내리며, 드러난 곳에서 나쁜 일을 하면 사람들이 벌을 내립니다. 《주역(周易)》에는 '선행을 쌓는 집에는 반드시 경사가 있다[積善之家, 必有餘慶]'라고 했으며, 《시경(詩經)》에는 '[군자가] 복을 구하니 어긋남이 없으리[求福不回]'라고 했습니다.11) 이 글들은 비록 유가 경전의 격언이지만 부처님의 가르침과도 같습니다." 손호가 반문했다. "그러

---

11) 《시경(詩經)》〈대아(大雅)〉 '한록(旱麓)' 편. 완전한 구절은 "저 온화하신 군자여, 복을 구하시니 어긋남이 없으리(豈悌君子, 求福不回)"다.

하다면 주공(周公)과 공자께서 이미 밝혔는데 무엇 때문에 부처의 가르침이 필요한가?" 강승회가 대답했다. "주공과 공자의 가르침은 비근한 자취만을 대략 보여 준 것이나 부처님의 가르침은 지극히 깊고 미묘한 부분까지 모두 갖추고 있습니다. 따라서 악한 행위를 하면 지옥에서 오랫동안 고통 받고, 선한 행위를 하면 극락에서 영원한 즐거움을 누릴 수 있습니다. 이런 이치를 들어 선행을 권하고 악행을 막아야 하는 까닭을 밝혔으니, 또한 큰 가르침이 아니겠습니까?" 손호는 당시에 강승회를 말로 굴복시킬 수 없었다.

손호는 비록 불교의 정법(正法)에 대해 들었으나 어리석고 포악한 성격이었기에 그 잔학한 행동을 억제할 수 없었다. 후에 그는 황실 호위병들로 하여금 후궁에 들어가 정원을 가꾸도록 했는데, 그들이 땅 속에서 높이가 몇 자나 되는 금불상을 발견해 손호에게 바쳤다. 손호는 금불상을 더러운 곳에 두고 구정물을 끼얹으며 여러 신하들과 함께 웃으며 즐거워했다. 얼마 지나지 않아 손호는 온몸에 큰 종기가 났는데, 음부에 난 종기가 통증이 더욱 심해 비명을 지르는 소리가 하늘까지 진동했다. 태사(太史)가 점을 친 후 큰 신령께 잘못한 일이 있기 때문이라고 했으므로 종묘에서 기도했으나 오랫동안 낫지 않았다. 전부터 불법을 믿는 궁녀가 있었는데 손호에게 물었다. "폐하는 절로 가서 복을 빌어 보셨습니까?" 손호가 머리를 들고 물었다. "부처라는 신이 위대한가?" 궁녀가 대답했다. "부처님은 위대한 신입니다." 손호는 그녀가 말하는 의미를 깨달았으며 이리하여 궁녀는 곧 금불상을 궁전에 안치하고 향탕(香湯)으로 수십 번 씻어 내고 향을 사르며 참회했다. 손호가 베개에서 머리를 조아리며 스스로 죄를 고백하자 잠시 뒤 통증이 차츰 줄어들었다. 칙사를 절로 보내 도인(道人)에게 물어 강승회에게 설법을 청했으므로 강승회는 칙사를 따라 입궁했다. 손호가 강승회에게 죄와 복의 연유를 묻자 강승회는 죄와 복의 이치를 설명해 주었는데, 설명이 간결하면서도 정밀했다. 손호는 본디 이해력이 뛰어났으므로 흔연히 기뻐했으며 사문계(沙門戒)12)에 대해서도 알고자 했다. 강승회는 계율을 기록한 경문은 비밀

---

12) 사문계(沙門戒) : 출가 승려가 지켜야 할 계율을 말하며, 보통 '비구계(比丘戒)'라고 부른다. 250여 가지 계율을 엄격히 지켜야 했다. 한나라 때는 불교 경전의 번역이 존재하기는 했으나 승려의 계율과 연관되는 율장(律藏)은 아직 번역되지 않았으며, 중국인이 승려가 되는 것을 법률로 금해 중국인 승려가 없었으므로 그 계율은 공개되지 않았다. 따라서 강승회는 승단의 계율에 대해 언급하기를 꺼렸던 것이다.

스러운 것으로 가볍게 알려 줄 수 없다고 여겼으므로《본업경(本業經)》의 135가지 서원을 취해 250가지로 세분하고, 일상의 행주좌와(行住坐臥) 속에서 항상 중생을 위한 서원이라고 설명했다. 손호는 자비로운 서원이 넓고 크다는 것을 알고 선한 마음이 커졌고 강승회에게 오계를 받았다. 이에 열흘 만에 병이 다 나아 강승회가 머물고 있는 절을 더 훌륭히 꾸미도록 했으며, 종실(宗室)에 두루 알려 불교를 받들지 않는 이가 없도록 했다. 강승회는 오나라 조정에 있으면서 절실히 정법을 설법했으나 손호의 성품이 흉포해 불법의 오묘한 진리를 이해할 수 없었으므로, 오직 인과응보의 이치를 비근한 사례를 들어 설명함으로써 그의 마음을 열어 주는 수밖에 없었다.

강승회는 건초사에 머물면서《아난염미경(阿難念彌經)》·《경면왕경(鏡面王經)》·《찰미왕경(察微王經)》·《범황경(梵皇經)》과《소품반야경(小品般若經)》·《육도집경(六度集經)》·《잡비유경(雜譬喩經)》등 많은 경전을 번역했는데, 모두 경전의 취지를 깊이 깨달았으며 번역한 문장의 뜻이 매우 정확했다. 또한《니원경(泥洹經)》의 범패소리를 전했는데 맑고 아름다우며, 슬프고 우렁찬 소리가 모두 들어 있어 한 시대의 모범이 되었다. 또한《안반수의경》·《법경경(法鏡經)》·《도수경(道樹經)》 등 세 경전에 주석을 달고 아울러 서문을 지었는데, 문장의 취지가 정확하며 뜻이 정밀해 모두 세상에 널리 알려졌다.

오나라 천기(天紀) 4년(280) 4월, 손호가 서진(西晉)에 항복하고 9월에 강승회가 병으로 입적했는데, 이해는 서진 무제(武帝) 태강(太康) 원년이었다. 서진 함화(咸和) 연간(326~334) 소준(蘇峻)이 반란을 일으켜 강승회가 세운 탑을 불태웠는데, 사공(司空) 벼슬을 한 하충(何充)이 다시 복구했다.

평서장군(平西將軍) 조유(趙誘)는 대대로 불교를 믿지 않았으며 삼보(三寶)를 업신여겼다. 그가 건초사에 들어와서 여러 승려들에게 말했다. "이 탑이 자주 광명을 뿜어낸다는 말을 오래전에 들었는데, 허황해서 믿을 수 없다. 만약 내가 직접 보게 된다면 더 논하지 않을 것이다." 말이 끝나자마자 탑에서 오색 광채가 나와 사찰 경내를 비추었으므로 조유는 머리카락이 곤두설 정도로 숙연해졌으며, 이로 말미암아 불교를 믿고 공경하게 되었다. 그는 절 동쪽에 다시 작은 탑을 세웠는데, 이것은 멀리는 부처님의 감응으로 말미암은 것이며, 가깝게는 강승회의 법력에 힘입은 것이므로 강승회의 초상을 그려 지금까지 전하고 있다. 손작(孫綽)이 강승회를 위해 다음과 같은 찬(讚)을 지었다.

강공의 담담한 모습,
진실로 아름다운 자질이네.
마음에는 세속의 얽매임 없고,
정취는 여유가 있네.

이 어둠 속에 단련해서
죄악에서 구했네.
초연한 경지여,
높이 우뚝 솟았구나.

어떤 기록에서는 이렇게 말했다. "손호가 사리를 쳐 보라는 시험을 했으며, 그 일이 손권의 시대는 아니었다." 내가 살펴보건대 손호가 건초사를 부수려고 했을 때, 모든 신하가 대답하기를 "강승회가 상서로움에 감응했기 때문에 대황제께서 절을 창건하셨다"고 했다. 이로 미루어 볼 때 처음 사리에 감응한 일은 반드시 손권의 시대였음을 알 수 있다. 이 때문에 여러 전기에서 모두 "손권이 오나라 궁궐에서 사리에 감응했다"고 했으며, 그 후 다시 부처님의 신령함을 시험한 사람이 아마 손호였을 것이다.

3. 후진 장안의 구마라습

구마라습(鳩摩羅什)은 중국어로는 동수(童壽)라고도 부르는데, 천축(天竺) 사람으로 집안 대대로 재상을 지냈다. 구마라습의 조부 구마달다(鳩摩達多)는 일반 사람과 달리 재주가 뛰어나고 호탕해 나라에서 명망이 높았다. 부친 구마염(鳩摩炎)은 총명하면서도 지조가 있었다. 장차 재상 자리를 잇기로 되어 있었으나 사양하고 이를 피하여 출가해 동쪽 총령(葱嶺)[13]을 넘어갔다. 구자국(龜玆國)의 왕은 그가 영화를 버렸다는 말을 듣고 매우 공경하고 사모해 스스로 교외로 맞이하러 나와 국사(國師)가 되어 달라고 했다. 구자국왕에게는 나이가 갓 스물 되는 누이동생이 있었는데 이해와 깨우침이 빨라 [경전을] 한 번 보면 능히 알 수 있었고, 한 번 듣기만 하면 암기했다. 또한 몸에 붉은 사마귀가 있었는데 상법(相法)에서 지혜로운 아이를 낳을 것이라고 했으므로 여러 나라에서 그녀와 결혼하려 했으나 모두 거절했다. [그녀가] 구마염을 보고

13) 총령(葱嶺) : 파미르 고원 일대의 산맥을 총칭해서 총령이라고 불렀다. 이곳을 넘어야 인도로 갈 수 있었다.

마음속으로 그를 얻고자 하니, [구자국왕은] 구마염에게 그녀를 아내로 맞이하도록 했고 그녀는 얼마 뒤 구마라습을 잉태했다. 구마라습이 모태에 들었을 때, 그의 어머니는 신령스러운 깨달음과 뛰어난 이해력이 평소보다 배로 늘어남을 느꼈다. 작리대사(雀利大寺)[14]에는 명승들이 많고 도를 깨달은 승려도 있다고 알려졌으므로, 왕실의 귀부인 및 덕행이 높은 비구니들과 함께 종일 공양을 베풀고 재(齋)를 지내면서 설법을 청했다. 구마라습의 어머니는 돌연 저절로 천축어에 익숙해졌고, 어려운 경전의 이치에 대한 질문에도 반드시 궁극적인 내용까지 다 대답했으므로 사람들이 모두 탄복했다. 달마구사(達摩瞿沙)라는 아라한이 "이는 반드시 지혜로운 아이를 임신했기 때문이오" 하면서 사리불이 잉태되었을 때의 일을 증거로 들어 설명했다.

구마라습이 태어난 후 그녀는 예전의 천축어를 잊어버렸다. 얼마 뒤 그녀는 출가하고자 했으나 남편이 허락하지 않아 마침내 사내아이 하나를 더 낳았는데, 그 아이의

---

14) 작리대사(雀利大寺) : 정확한 위치는 알 수 없으나 간다라 지방에 있었던 큰 사원으로 추측된다.

이름을 불사제바(弗沙提婆)라고 했다. 나중에 [그녀는] 성을 나가서 유람하다가 무덤 사이에 바짝 마른 해골이 여기저기 흩어져 있는 것을 보고 괴로움의 근본을 깊이 생각해 출가를 결심했으며, 만약 머리를 깎지 못하면 음식을 먹지 않겠다고 맹세했다. 엿새째 밤이 되자 기력이 없어 다음 날 아침까지 견디지 못할 것 같았으므로 남편은 그녀가 죽을까 두려워서 허락했다. 아직 삭발하지 않아 여전히 음식을 들이지 못하게 하므로 사람을 시켜 머리를 깎게 했더니 비로소 음식을 먹었다. 다음 날 아침 계율을 받고 이어 선법(禪法)을 즐기면서 게을리하지 않고 열심히 정진했더니 수행의 초과(初果)[15]를 얻게 되었다.

구마라습이 일곱 살이 되자 역시 어머니와 함께 출가해 스승으로부터 경전을 배우는데, 날마다 게송을 천 개씩 외웠다. 게송 하나가 서른두 자로 되어 있으니, 날마다 3만 2000자를 외운 셈이다. 비담(毘曇)[16]의 경전을 모두 암

---

15) 초과(初果) : 소승불교 수행자의 첫 번째 단계. 예류과(預流果)라고도 하는데 욕계, 색계, 무색계의 견혹(見惑)을 끊어 버린 수행 단계다.

16) 비담(毘曇) : 아비담(阿毘曇) 또는 아비달마(阿毘達磨)의 준말. 아비달마 철학은 부처님 사후 경전 해석이 많아지면서 나타난 소승불교 철학의 한 분야다.

기하자 스승이 그 뜻을 전수해 주었는데, 전수한 날 바로 통달해 깊은 의미까지 훤히 알지 못한 것이 없었다. 당시 구자국 사람들은 구마라습의 어머니가 국왕의 여동생이었으므로 공양거리를 많이 주었다. 이에 그녀는 구마라습을 데리고 그 나라를 떠났다. 구마라습의 나이 아홉 살 때 어머니를 따라 인더스강[辛頭河]을 건너 계빈국(罽賓國)[17]에 이르러 계빈국왕의 사촌동생인 반두달다(槃頭達多)를 만나게 되었다. 반두달다는 학문이 깊고 큰 기량이 있었으며, 재주가 뛰어나고 박식해 당시에는 독보적인 존재였다. 그는 삼장구부(三藏九部)[18]의 경전에 정통하지 않은 것이 없었다. [반두달다는] 아침부터 낮까지는 천 개

---

17) 계빈국(罽賓國) : 지금의 북인도 카슈미르 지방에 있던 나라다. 현장(玄奘)의 신역(新譯)에서는 가습미라(迦濕彌羅)라고 했다. 고대 인도의 주요 불교 전파 통로 가운데 하나였다. 상업이 발달하고 도시가 번성했으며, 한때 서역에서 중요한 지위를 누렸다. 중국에 불교를 전래한 많은 서역 승려 중 상당수가 계빈국 출신이었다.

18) 삼장구부(三藏九部) : 삼장이란 불교 경전을 경장(經藏)·율장(律藏)·논장(論藏)으로 구분한 것이다. 구부란 경전을 내용에 따라 계경(契經)·지야(祇夜)·수기(授記)·가타(伽陀)·우타나(優陀那)·여시어(如是語)·본생(本生)·방광(方廣)·미증유법(未曾有法)의 아홉 가지로 분류한 것이다. 즉 '삼장구부'는 모든 형식의 불교 경전을 총칭하는 말로 볼 수 있다.

의 게송을 썼고, 낮부터 밤까지는 천 개의 게송을 암송했다. 명성이 여러 나라에 전해지자 멀고 가까운 곳에서 모두 그를 스승으로 삼고자 했다. 구마라습은 [반두달다의] 문하에 이르자 바로 스승의 예로 받들고 《잡장(雜藏)》·《중아함경》·《장아함경》을 전수받았는데, 약 400만 자 분량이었다. 반두달다는 매번 구마라습의 뛰어남을 칭찬했는데, 마침내 구마라습의 명성이 계빈국왕에게 전해져 국왕은 곧바로 그를 궁궐로 초대하고 외도(外道)의 논사(論師)들을 모아 논쟁하도록 했다. 논쟁을 시작했을 때는 외도의 논사들이 구마라습의 나이가 어리다고 얕보아 말투가 자못 불손했다. 그들이 경시하는 틈을 타서 구마라습이 기세를 꺾고 굴복시키니 그들은 부끄러워하면서 아무 말도 할 수 없었다. 계빈국왕은 더더욱 그를 공경하면서 날마다 말린 거위고기 한 쌍, 멥쌀과 밀가루 각 세 말, 연유(煉乳) 여섯 되를 공급하게 했다. 이러한 대우는 외국인에게 베푸는 최상의 공양이었다. 구마라습이 머물던 사원에서는 나이 든 비구승 다섯 명, 사미승 열 명을 그에게 보내 거처를 청소하고 보살피게 하면서 마치 제자인 것처럼 행동하게 했으니 구마라습이 계빈국에서 존중받은 것이 이러했다.

나이 열둘이 되자 구마라습의 어머니는 그를 데리고 구자국으로 돌아갔다. 여러 나라에서 모두 중요한 관작을 내리며 초빙하고자 했으나 구마라습은 결코 돌아보지 않았다. 당시 어머니는 그를 데리고 월지국의 북쪽 산에 이르렀는데, 어떤 아라한이 그를 보고 기이하게 여겼다. 아라한이 구마라습의 어머니에게, "항상 이 어린 사미를 수호해야 합니다. 만약 이 사미가 35세가 될 때까지 계율을 깨지 않는다면 응당 크게 불법을 일으키고 무수한 중생을 제도하는 것이 우바굴다(優婆掘多)[19]와 다름없을 것입니다. 만약 계율을 온전히 지키지 못한다면 그렇게 될 수 없고, 재주가 뛰어나며 경전의 뜻을 잘 아는 법사에 그칠 것입니다"라고 했다. 구마라습이 사륵국에 이르러 부처님 바리때[佛鉢]를 머리 위로 들어 올리다가 마음속으로 혼자서 '바리때의 형체가 큰데 어찌 이리 가벼울까?'라고 생각하자마자 곧 무게를 감당할 수 없어 소리도 내지 못하고 그것을 내려놓았다. 어머니가 그 이유를 물었더니 구마라습은 "제 마음에 분별이 생겼기 때문에 바리때에 무게가 생겼을 뿐입니다"라고 대답했다. 마침내 사륵국에 1년이

---

19) 우바굴다(優婆掘多) : 우바급다(優婆笈多) 또는 우바국다(優婆鞠多)라고도 부른다. 인도의 조사 중 한 사람으로 아소카왕의 스승이었다.

나 머물게 되었다. 그 겨울에 아비달마 경전을 암송하는데, 십문품(十門品)·수지품(修智品) 등 여러 품을 배운 바도 없었으나 정묘한 부분까지 통달했다. 또한 육족품(六足品)의 모든 의문스러운 부분에도 막히는 바가 없었다. 사륵국에는 삼장(三藏)에 뛰어난 희견(喜見)이라는 비구가 있었는데, 국왕에게 이렇게 말했다. "이 어린 사미를 가볍게 보아서는 안 됩니다. 왕께서는 응당 이 사미를 청해 처음으로 법문을 열도록 해야 합니다. 대개 두 가지 이익이 있습니다. 첫째, 나라 안 승려들이 구마라습에게 미치지 못함을 부끄럽게 여겨 열심히 정진할 것입니다. 둘째, 구자국왕이 구마라습은 내 나라에서 나왔는데 저들이 그를 받드는 것은 우리를 높이는 것과 같다고 하면서 반드시 우호 관계를 맺으러 올 것입니다." 사륵국왕은 그의 요청을 허락하고 즉시 대회(大會)[20]를 베풀게 했다. 구마라습을 청해 법좌에 오르게 하고 《전법륜경(轉法輪經)》을 강하게 했는데, 구자국왕이 과연 지위가 높은 사신을 보내 사륵국에 화친을 하게 했다. 구마라습은 설법하고 남는 시간에 외도의 경서들을 찾아서 연구했다. 베단타는

20) 대회(大會) : 일반적으로 승려들을 모아 큰 법회를 여는 일을 말한다.

서[韋陀舍多論][21]를 능숙히 익혀 글짓기, 문답 등에 밝았고, 또 사베다[四韋陀][22] 경전 및 오명(五明)[23]의 여러 논서를 널리 보았다. 구마라습은 음양학과 점성술까지 궁구하지 않음이 없었으며, 길흉사에 통달해 예언하는 말이 부절과 같이 들어맞았다. 구마라습은 성격이 솔직하고 활달해 작은 일에 구애받지 않았으며, 다른 수행자들이 모두 그를 자못 의심했으나 일찍이 마음에 깨달음이 있었으므로 개의치 않았다.

당시에 사거왕자(莎車王子) · 참군왕자(參軍王子)라고 부르는 형제가 자신의 나라를 버리고 승려가 되었다. 형의 이름은 수리야발타(須利耶跋陀), 동생의 이름은 수리야소마(須利耶蘇摩)였다. 수리야소마는 재주와 기량이 매우 뛰어났는데 오로지 대승으로 교화했으며, 그의 형과

---

21) 베단타논서[韋陀舍多論] : 육파 철학 가운데 한 유파인 베단타(vedanta) 철학이다.

22) 사베다[四韋陀] : 인도 고대 철학을 시문으로 옮겨 놓은 네 가지 철학서를 말한다. 브라만교의 기본 경전으로 리그베다, 사마베다, 야주르베다, 아타르바베다가 있다.

23) 오명(五明) : 고대 인도의 다섯 가지 학문이다. 성명(聲明) · 공교명(工巧明) · 의방명(醫方明) · 인명(因明) · 내명(內明)이 있다.

모든 학자들이 다 함께 스승으로 섬겼다. 구마라습 역시 그를 높이 받들었고 지극히 가까웠다. 수리야소마는 나중에 구마라습을 위해《아뇩달경(阿耨達經)》을 설법했는데, 구마라습은 "오음(五陰) · 십팔계(十八界) · 십이입(十二入)은 모두 공해 형상이 없다"는 설법을 듣고 괴이하게 여겨 물었다. "이 경전은 또 어떤 뜻을 가지고 있기에 제법(諸法)을 무너뜨리는 것입니까?" 수리야소마가 "안(眼) 등의 제법은 진실로 존재하는 것이 아니다"라고 대답했다. 구마라습은 안근(眼根)이 있다고 집착했는데, 수리야소마는 제법이 인연에 따라 이루어진 것이고 실상이 없다고 했다. 그리하여 대승과 소승의 의미를 깊이 연구하고, 스승과 문답을 주고받으며 세월을 보냈다. 구마라습은 그제야 진리에는 귀착되는 바가 있음을 알았으며, 마침내 오로지 대승 경전에 힘을 쏟게 되었다. 이어서 탄식하며 "내가 옛날에 소승을 배운 것은 마치 사람이 금을 알지 못해 놋쇠나 돌 따위를 보물로 여기는 것과 같았구나"라고 했다. 이리하여 널리 대승의 종지를 구했고,《중론(中論)》·《백론(百論)》·《십이문론(十二門論)》 등을 암송했다.

얼마 후 [구마라습은] 어머니를 따라 구자국 북쪽에 있는 온숙국(溫宿國)에 이르렀다. 당시 온숙국에는 신령스러울 정도로 언변이 뛰어난 승려가 있어서 여러 나라에 명성을 떨쳤는데, 왕의 북을 두드리며 스스로 맹세하기를 "논변으로 나를 이기는 자가 있다면 내 머리를 베어 사죄하겠다"고 했다. 구마라습이 이르러 두 가지 이치를 가지고 대조하자 그 승려는 번민에 빠지고 스스로 방향을 잃어 머리를 조아리고 구마라습에게 귀의했다. 이에 그 명성이 파미르 고원 일대에 가득했고, 황하 이남까지 명예를 떨쳤다. 구자국왕은 몸소 온숙국으로 가서 구마라습을 맞이하며 여러 경전을 널리 설법하도록 청하니 사방의 먼 곳에서도 우러러보며 존경했고, 아무도 논변으로 그를 대적할 수 없었다. 이때 구자국왕의 공주였던 아갈야말제(阿竭耶末帝)라는 비구니가 있었는데, 널리 많은 경전을 열람하고 특히 선법(禪法)의 요지를 깊이 이해해 이미 이과(二果)[24]를 증득했다고 스스로 말했다. 그녀는 구마라습의 법문을 듣고 춤출 정도로 기뻐서 다시 많은 청중을 모아 방등경전의 심오한 뜻을 설법해 달라고 요청했다. 구마라습은 "모든 법은 공하므로 나라고 할 것이 없다"라는 명제를 설명하면서, '음계(陰界) 등은 거짓 이름일 뿐이요, 진실한 것

---

24) 이과(二果) : 사다함과(斯多含果)를 말한다. 소승불교의 두 번째 수행 경지로 일래(一來)라고도 하며, 탐진치 등의 번뇌가 희박해진 상태다.

이 아니라는 점'을 잘 분별해 설명했다. 당시 법회에서 듣던 청중은 지나간 일을 슬피 회상하면서, 깨달음이 늦었음을 한탄하지 않는 이가 없었다. 스무 살이 되자 왕궁에서 계율을 받았으며 비마라차(卑摩羅叉)에게 《십송률(十誦律)》을 배웠다.

얼마 후에 구마라습의 어머니는 [구자국을] 떠나 천축으로 갔다. 그녀는 구자국왕 백순(白純)에게 말했다. "그대의 나라는 쇠퇴할 것입니다. 나는 구자국을 떠나고자 합니다." 천축으로 간 후 그녀는 삼과(三果)[25]를 얻었다. 그녀는 떠나가면서 구마라습에게 말했다. "방등경의 심오한 가르침은 응당 진단(眞丹)[26]에 널리 전해져야 하니, 그것을 동쪽 땅에 전하는 일은 오직 너의 힘에 달려 있다. 다만 너 자신에게는 이익이 없을 것이니, 어떻게 하는 것이 좋겠느냐?" 구마라습은 "보살의 도는 남을 이롭게 하고 자신을 잊어버리는 것입니다. 만약 반드시 큰 교화가 전해져서 몽매한 풍속을 씻어 내고 깨우치게 한다면 비록 몸이

25) 삼과(三果) : 아나함과(阿那含果)를 말한다. 불환(不還)이라고도 하는데, 이들 수행자는 욕계의 번뇌를 모두 끊어 죽고 나면 천상에 태어나거나 해서 이 세상에는 다시 오지 않는다.

26) 진단(眞丹) : 중국의 옛 이름이다.

다시 끓는 솥에 들어가 괴로움을 받는다고 하더라도 유감이 없을 것입니다"라고 했다. 그리하여 구마라습은 구자국에 남아 신사(新寺)에 머물렀다. 나중에 그는 절 옆에 있는 옛 궁궐터에서 처음으로 《방광경(放光經)》을 얻어 곧바로 읽어 보려고 했다. 그런데 마귀가 나타나 경문을 가리니 오직 비어 있는 경문만 보였다. 구마라습이 악마가 한 짓임을 알고 서원하는 마음을 더욱 견고히 했더니 악마가 떠나고 글자가 나타나, 경전을 익히고 암송했다. 다시 공중에서 소리가 들리는데, "그대는 지혜로운 사람인데 어찌 이런 글을 읽는가?"라고 했다. 구마라습이 "너는 작은 마귀이니 마땅히 속히 떠나거라. 내 마음은 대지와 같이 견고해 돌릴 수 없을 것이다"라고 대답했다. [신사에] 2년 동안 머무르면서 널리 대승 경전을 암송하며 그 깊은 뜻을 깨달았다. 구자국왕은 금사자좌(金獅子座)를 만들고 대진(大秦)[27]에서 나는 비단 깔개를 깔도록 한 뒤, 구마라습으로 하여금 그 위에 올라가 설법해 달라고 청했다. 구마라습은 "제 스승이 아직 대승의 진리를 깨치지 못했습니다. 몸소 찾아가 스승을 교화하고자 하므로 이곳에 머물 수 없습니다"라고 대답했다. 얼마 후에 반두달다 대

---

27) 대진(大秦) : 당시에 로마를 대진국이라고 불렀다.

사가 먼 길을 마다하지 않고 갑자기 찾아왔다. 구자국왕이 물었다. "대사께서 어찌 먼 길을 돌보지 않고 오셨습니까?" 반두달다 대사가 대답했다. "첫째는 제자가 깨달은 바가 평범하지 않다고 들었기 때문입니다. 둘째는 대왕께서 불도를 널리 펴신다고 하기에 어려움과 위험을 무릅쓰고 폐하의 나라로 달려온 것입니다." 구마라습은 반두달다 대사가 온 것을 알고 평소 생각한 바를 풀 수 있을 것 같아 기뻐했다. 그는 스승을 위해 《덕녀문경(德女問經)》을 강의했는데, 대부분 인연과 공(空) · 가(假)의 뜻을 밝혔다. 옛날 스승과 함께 공부하면서 믿지 못했던 것이기에 이를 먼저 설법한 것이다. 반두달다 대사가 구마라습에게 물었다. "너는 대승에서 어떤 다른 점을 보았기에 그것을 받들려고 하는가?" 구마라습이 대답했다. "대승법은 심오하고 깨끗합니다. '모든 존재는 공하다'는 것을 잘 밝혔는데, 소승법은 치우쳐 있어 결여되거나 빠진 것이 많습니다." 반두달다 대사가 말했다. "모든 존재가 공하다는 네 말은 대단히 두렵구나. 어찌 유법(有法)을 버리고 공을 좋아하는가? 옛날 어떤 미치광이와 같구나. 미치광이가 실 잣는 이에게 실을 만들되 아주 가늘면서도 보기 좋게 해달라고 했다. 실 잣는 이는 더욱 신경을 써서 먼지처럼 가늘게 했는데도 미치광이는 도리어 실이 굵다고 원망했다.

실 잣는 이가 크게 화가 나서 허공을 가리키며 '이것이 가는 실입니다'라고 말하니 미치광이가 물었다. '어째서 보이지 않는가?' 실 잣는 이가 말했다. '이 실은 지극히 가늘어 우리같이 뛰어난 기술자도 잘 볼 수 없는데, 하물며 다른 사람에게 보이겠습니까?' 미치광이가 크게 기뻐하며 베 짜는 이에게 베를 짜게 하니, 베 짜는 이도 또한 [실 잣는 이를] 흉내 냈다. 이들은 모두 미치광이를 속이고 상을 받았지만 사실은 아무것도 없었다. 네가 말하는 '공법(空法)'이라는 것도 이와 같다." 이에 구마라습은 비슷한 부류를 가지고 그것을 설명했으며, 피곤해질 때까지 서로 문답을 주고받았다. 한 달 남짓 지나자 바야흐로 [반두달다 대사가 대승을] 신복하게 되었다. 반두달다 대사가 감탄하며 말했다. "스승이 통달할 수 없었던 뜻을 도리어 [제자가] 열어 준다는 의미를 이제야 증험하게 되는구나." 그리하여 반두달다 대사는 구마라습에게 스승으로 삼는 예를 올리면서, "그대는 나에게 대승의 스승이며, 나는 그대에게 소승의 스승입니다"라고 했다. 서역 여러 나라는 모두 구마라습의 뛰어남에 탄복했으며, 매년 그가 설법을 하면 여러 왕들이 모두 법좌 옆에 무릎을 꿇고 구마라습이 밟고 올라가도록 했는데, 그를 존대하는 것이 이와 같았다.

구마라습은 이로써 서역에 불도를 전파했는데 그 명성이 동쪽 나라에까지 미쳤다. 당시 부견(苻堅)[28]은 제멋대로 관중(關中) 지방을 호령하고 있었는데, 국외에서 전부(前部)[29]왕과 구자국왕의 동생이 함께 와서 부견을 알현했다. 부견이 그들을 접견하자 두 사람은 부견에게 서역에는 진귀한 물건이 많이 나오니 군대를 이끌고 평정해서 귀속시킬 것을 요청했다. 부견의 건원(建元) 13년(377), 정축년(丁丑年) 정월에 태사(太史)가 아뢰었다. "어떤 별이 외국의 별자리에 나타났는데, 응당 큰 덕을 갖춘 지혜로운 현인이 중국에 들어와 보좌하게 될 것입니다." 부견이 대답했다. "짐이 듣건대 서역에 구마라습이 있고, 양양(襄陽)에는 석도안(釋道安)이 있다고 한다. 아마 이들이 아니겠는가?" [부견은] 즉시 사신을 보내 찾도록 했다. 건

---

28) 부견(苻堅) : 338~385. 오호십육국 시기 전진(前秦)의 황제. 원래 부생(苻生)의 동생이었으나 357년 형을 죽이고 제위에 올랐다. 왕맹(王猛)을 재상으로 등용해 중국식 중앙집권 체제를 강화하는 데 힘썼으며, 여타 민족들을 정벌해 북방을 통일했다. 383년 100만 대군을 모아 양자강을 남하, 동진을 공격했으나 비수(淝水)에서 패전했고, 2년 뒤에 후진(後秦)의 요장(姚萇)에게 피살되었다.

29) 전부(前部) : 차사전부(車師前部)를 가리킨다. 한(漢) 선제(宣帝) 때 차사국(車師國)을 전부(前部)와 후부(後部)로 나누어 차사전부는 교하성(交河城)을, 차사후부는 무도곡(務涂谷)을 다스리도록 했다.

원 17년(381) 2월, 선선왕(善善王), 전부왕 등은 다시 부견에게 군사를 일으켜 서역을 정벌하라고 설득했다. 건원 18년(382) 9월, 부견은 효기장군(驍騎將軍) 여광(呂光)과 능강장군(陵江將軍) 강비(姜飛)를 파견해 전부왕과 차사(車師)[30]왕을 거느리고 군사 7만을 보내 구자국, 오기국(烏耆國) 등 여러 나라를 정벌하도록 했다. 출발을 앞두고 부견은 장군 여광을 건장궁(建章宮)에서 전별하며 말했다. "대개 제왕은 하늘에 순응해 세상을 다스리며, 나는 천하의 백성을 사랑하는 것을 근본으로 삼는데 어찌 그 땅을 탐내 정벌하는 것이겠는가? 마침 도(道) 있는 사람을 얻고 싶기 때문이다. 짐이 듣자 하니 서역에 구마라습이라는 현자가 있어 진리를 깊이 이해하며, 음양에도 뛰어나 후학의 모범이 된다고 한다. 짐은 심히 보고 싶다. 현명한 이는 나라의 큰 보배이니, 만약 구자국을 이기면 역마 편으로 구마라습을 보내도록 하라." 여광의 군대가 [구자국에] 도착하지 않았을 때 구마라습이 구자국왕 백순(白純)에게 말했다. "나라의 운수가 쇠퇴했으니 응당 강력한 적이 나타날 것입니다. 제왕이 사는 곳의 사람들[31]이 동쪽으로부

30) 차사(車師) : 탕융퉁 교주본《고승전》에 고대 서역의 국가명이라고 간단히 해설했는데, 문맥상 앞에 나온 차사전부와 별개의 국가를 가리키는 것으로 보인다.

터 오면 응당 공손히 받아들이고 그들의 칼날에 대항하지 마십시오." 구자국왕 백순은 구마라습의 말을 따르지 않고 전쟁을 했다. 여광은 마침내 구자국을 격파하고 국왕 백순을 죽였으며, 백순의 아우인 백진(白震)을 임금으로 세웠다. 여광은 구마라습을 포로로 잡았으나 그의 지혜를 헤아릴 수 없었고, 나이가 아직 젊은 것을 보고 보통 사람으로 여겨 그를 희롱했다. 또한 억지로 구자국왕의 딸을 아내로 삼게 했는데, 구마라습은 괴로울 정도로 사양했다. 여광이 말했다. "그대의 지조가 선친보다 뛰어나지 않은데,[32] 어찌 고집스레 사양하는 것인가?" 이에 [구마라습에게] 진한 술을 마시게 하고 왕녀와 함께 밀실에 가두었다. 구마라습은 핍박당하는 것이 극에 이르렀으므로, 마침내 그 절개를 잃게 되었다. [여광은] 구마라습으로 하여금 소나 날뛰는 말에 태워 떨어지게 만들려고도 했다. 구마라습은 늘 인욕(忍辱)의 마음을 품고 한 번도 얼굴빛이 변하지 않았으므로 여광은 부끄러움을 느끼고 그만두었

31) 원문에 '일하인(日下人)'으로 기록되어 있는데 이것을 탕융퉁 교주본 《고승전》에서 '제왕이 사는 곳의 사람들'로 번역했다. 즉 중국을 지칭하는 것으로 보인다.

32) 구마라습의 아버지 구마염이 승려였으나 구자국왕의 누이동생의 유혹으로 마침내 결혼하고 구마라습을 낳은 일을 꼬집은 것이다.

다. 여광이 회군하는 도중 산 아래에 군대를 머무르게 해서 장교와 병사들이 휴식을 취하고 있었다. 구마라습이 말했다. "여기에 있으면 안 됩니다. 반드시 낭패를 당할 것이니 언덕 위로 군대를 옮겨야 합니다." 여광은 이 말을 받아들이지 않았다. 한밤중에 과연 큰 비가 내려 갑자기 홍수가 났고, 수심이 몇 장이나 되어 죽은 병사가 수천에 이르자 여광은 비로소 마음속으로 구마라습을 기이하게 여기게 되었다. 구마라습이 여광에게 말했다. "이곳은 흉해서 망하게 하는 땅입니다. 응당 머무르지 말아야 합니다. 운수를 미루어 짐작하건대 신속히 되돌아가야 합니다. 돌아가는 중에 반드시 머물 만한 복된 땅이 있을 것입니다." 여광이 구마라습의 말을 좇아 양주(凉州)에 이르렀는데, 부견이 이미 요장(姚萇)에게 살해되었다는 소식을 들었다. 여광은 삼군(三軍)에 상복을 입도록 하고 양주성 남쪽에서 상례를 치른 뒤, 관외(關外)에서 황제가 되어 연호를 태안(太安)이라 했다.

태안 원년(386) 정월, 고장성(姑臧城)에 큰 바람이 일어났는데, 구마라습이 진언했다. "상서롭지 못한 바람이니 반드시 반란이 일어날 것이나 힘쓰지 않아도 저절로 평정될 것입니다." 얼마 후 양겸(梁謙) · 팽황(彭晃)이 연이어 반란을 일으켰지만 얼마 지나지 않아 모두 소멸되었다. 여광의 용비(龍飛) 2년(397), 장액군(張掖郡)의 임송(臨松)과 노수(盧水)에서 오랑캐인 저거남성(沮渠男成)과 그의 사촌동생 저거몽손(沮渠蒙遜) 등이 반란을 일으켜 건강(建康) 태수 단업(段業)을 임금으로 추대했다. 여광은 서자(庶子)인 진주자사(秦州刺史) 태원공(太原公) 여찬(呂纂)에게 군사 5만을 주어 토벌하도록 했다. 당시에 논의하기를, 단업 등은 오합지졸의 군대이고 여찬은 위엄과 명성이 있으니 형세로 보아 반드시 완전한 승리를 거둘 것이라고 했다. 여광이 구마라습에게 이 일에 대해 묻자 이렇게 답했다. "이번 원정을 살펴보니 그 이로움이 보이지 않습니다." [그때] 여찬은 이미 합리(合梨)에서 패배했다. 얼마 후 곽형(郭馨)이 반란을 일으켰는데 여찬은 대군을 버리고 가볍게 돌아오다가 곽형의 군대에 또다시 패해 몸만 겨우 피할 수 있었다. 여광 밑에서 중서감(中書監) 벼슬을 하던 장자(張資)는 문장이 전아해 여광이 큰 그릇으로 여겼는데, 그가 병이 나자 여광은 치료할 수 있는 의사를 널리 찾았다. 외국 승려였던 나차(羅叉)가 "장자의 병을 낫게 할 수 있습니다"라고 했다. 여광은 기뻐하면서 그에게 많은 사례를 했다. 구마라습은 나차가 속인다는 것을 알고 장자에게 말했다. "나차는 치료할 수 없을 것입니다. 공연히 헛되이 돈만 더 쓸 것입니다. 사람의 운명은 비록 감추어져 있기는 하나, 일을 통해 시험해 볼 수는 있습니다." 이어서 오색실을 묶어 매듭을 만든 후 그것을 태워 재로 만들고 물에 던졌다. 만약 재가 물위로 떠 매듭 형태를 유지한다면 병이 낫지 않을 것이라고 했는데, 잠시 후 재가 떠오르며 모이더니 원래의 모양을 회복했다. [나차가] 다시 치료했으나 효험이 없었고 장자는 며칠 지나 죽었다. 얼마 후 여광도 죽자 그의 아들 여소(呂紹)가 왕위를 계승했다. 며칠 뒤 여광의 서자 여찬이 여소를 죽이고 왕위에 올라 연호를 함녕(咸寧)이라고 했다.

함녕 2년(400), 돼지가 머리 셋 달린 새끼를 낳고, 용이 궁궐 동쪽 우물에서 나와 궁궐 앞에 똬리를 틀더니 아침이 되자 사라졌다. 여찬은 상서로운 일이라 여기고 [용이 머물렀던] 대전(大殿)을 용상전(龍翔殿)이라고 부르게 했다. 얼마 후에는 흑룡(黑龍)이 당양구궁문(當陽九宮門)에서 승천했으므로, 여찬은 구궁문을 용흥문(龍興門)으로 개명했다. 구마라습이 상소를 올렸다. "근래 잠룡이 나타나는가 하면, 돼지가 기이한 조짐을 보였습니다. 대개 용은 음(陰)에 속하는 짐승이라 나아가고 들어가는 시기가 있습니다. 그러나 이제 자주 나타나는 것은 재앙의 징조입니다. 틀림없이 아랫사람이 윗사람을 해치는 변란이 있을 것이니 마땅히 자신을 제어하고 덕을 닦아 하늘의 경계에 응답해야 할 것입니다." 여찬은 진언을 받아들이지 않았다. 그는 구마라습과 바둑을 두다가 희롱 삼아 구마라습의 바둑돌을 죽이며, "오랑캐 노예[胡奴]의 머리를 벨 것이다"라고 했다. 구마라습이 말하기를, "오랑캐 노예의 머리를 벨 수 없고, 오랑캐 노예가 장차 사람의 머리를 벨 것입니다." 이 말에는 숨겨진 의미가 있었으나 여찬은 끝내 깨닫지 못했다. 여광의 동생 여보(呂保)에게 여초(呂超)라는 아들이 있었는데 그의 어릴 때 이름이 호노(胡奴)였으며, 나중에 과연 그가 여찬의 목을 베고 그의 형 여융(呂隆)을 임금으로 삼았으므로, 당시 사람들은 그때서야 구마라습의 예언이 증명되었다고 했다.

구마라습이 양주에 몇 년이나 머물렀으나 여광 부자가 불교를 널리 전파할 생각이 없었으므로 구마라습은 불도에 대한 깊은 지식을 가지고도 널리 대중을 교화할 방법이 없었고, 부견도 이미 죽었으므로 끝내 서로 만날 수 없었다. 요장이 관중 지방에서 참람하게 임금이 되었는데, 구마라습의 높은 명성을 듣고 허심으로 그를 초청했다. 여씨 일족은 구마라습이 지혜가 뛰어나고 풍부한 지식을 가지고 있었으므로, 요씨를 위해 일할 것이 두려워 동쪽으로 가는 것을 허락하지 않았다. 요장이 죽은 뒤 그의 아들 요흥(姚興)이 왕위를 계승해 다시 사신을 보내 구마라습을 보내 달라고 정중히 요청했다. 요흥 홍시(弘始) 3년(401) 3월, 궁중에 널리 연리지(連理枝)[33]가 나타나고 소요원의 파가 염교로 변했는데, 지혜로운 이가 나라에 들어올 상서로운 조짐이라고 여겼다. 5월이 되자 요흥은 농서공(隴西公) 요석덕(姚碩德)을 서쪽으로 보내 여융(呂隆)을 정벌하게 했는데, 여융의 군대를 크게 격파했다. 9월이 되어 여융이 표문을 올리고 항복해 왔으므로 비로소 구마라습을 관중으로 맞이할 수 있었으니, 그해 12월 20일에 [구마라습이] 장안에 도착했다. 요흥은 구마라습을 국사(國師)의 예우로 대접하고 대단히 총애했다. [요흥은] 구마라습과 이야기를 나누면서 종일 궁중에 머물게 하고 경전의 세밀한 부분까지 모두 연구했는데, 한 해가 다 가도록 싫증내지 않았다.

불법은 후한 명제(明帝) 때 동쪽으로 전해지기 시작해

---

33) 연리지(連理枝) : 줄기가 다른 나뭇가지가 서로 이어져 붙은 형태다. 드물게 나타나는 현상으로 당시 사람들은 이를 상서로운 조짐으로 해석했다.

위진 시대를 거치며 경전과 논서가 점차 많아졌다. 지겸과 축법호는 문장의 뜻에 막혀 격의(格義)[34]의 방법으로 번역한 경전이 많았다. 요흥은 젊은 시절부터 삼보를 숭상했으므로 경전의 말씀을 모을 뜻을 가지고 있었다. 구마라습이 장안에 머물자 요흥은 그에게 서명각(西明閣)과 소요원에 들어가 여러 경전들을 번역해 달라고 요청했다. 구마라습은 경전 대부분을 암송하고 있었고, 뜻을 다 연구하지 않은 것이 없었으며, 중국어에도 능숙해서 음역도 유창했다. 이미 번역된 옛 경전들을 살펴보니 잘못 번역하거나 난삽한 곳이 있었는데, 모두 원문의 뜻을 잘못 이해해 산스크리트어 경전[梵本]과 상응하지 않게 된 것이다. 그리하여 요흥은 승략(僧䂮) · 승천(僧遷) · 법흠(法欽) · 도류(道流) · 도항(道恒) · 도표(道標) · 승예(僧叡) · 승조(僧肇) 등 승려 800여 명에게 구마라습의 자문을 받도록

34) 격의(格義) : 불교가 처음 중국에 전래되던 시기에 서역에서 온 승려들은 경전은 잘 이해하고 있어도 중국어에 능통하지 못했고, 반대로 중국 승려들은 범어를 아는 이가 적었기 때문에 정확히 경전의 용어를 전달하거나 이해시키기 어려웠다. 이 때문에 중국인들이 이해하기 쉽도록 불교 용어를 유교와 도교 등 중국식으로 표현했는데 이를 격의라고 한다. 예를 들어 초기에 승려를 사문(沙門)이라고 음역하지 않고 도인(道人)이나 도사(道士) 등으로 표기한다든지, 공(空)을 무(無)라고 표기했다. 구마라습이 번역하면서 비로소 격의불교 단계를 벗어났다.

했으며, 또한 구마라습에게 《대품반야경(大品般若經)》을 번역하도록 했다. 구마라습은 산스크리트어 경전을, 요흥은 옛 경전을 들고 서로 대조하며 교정했는데, 새로 번역한 글은 옛 문장과 달라 뜻이 모두 원만히 통했으므로 사람들이 모두 기뻐하고 탄복하며 찬탄했다. 요흥은 불도는 깊고 심오하며 그 선(善)을 실천하는 것이 근본이므로 고통을 벗어날 수 있는 좋은 나루라고 믿었고, 세상을 다스리는 큰 법칙이라고 여겼다. 이 때문에 구부 경전에 뜻을 의탁하고 십이부 경전에 노닐면서[35] 《통삼세론(通三世論)》을 지어 인과의 이치를 밝히고자 노력했으므로 왕공대신 등 모든 사람이 그 기풍을 흠모했다. 대장군 상산공(常山公) 요현(姚顯), 좌군장군(左軍將軍) 겸 안성후(安城侯) 요숭(姚嵩) 등은 모두 인연·업보의 이치를 독실하게 믿었으며, 여러 차례 구마라습을 장안대사(長安大寺)로 초청해 새로 번역한 경전을 강설하게 했다.

구마라습은 계속해서 《소품반야경(小品般若經)》·《금강반야경(金剛般若經)》·《십주경(十住經)》·《법화경(法華經)》·《유마경(維摩經)》·《사익경(思益經)》·《수능엄

---

35) 구부와 십이부는 불경을 나누는 방식이며, 곧 모든 불경을 의미한다.

경(首楞嚴經)》·《지세경(持世經)》·《불장경(佛藏經)》·《보살장경(菩薩藏經)》·《유교경(遺教經)》·《보리무행경(菩提無行經)》·《가욕경(呵欲經)》·《자재왕경(自在王經)》·《인연관경(因緣觀經)》·《소무량수경(小無量壽經)》·《신현겁경(新賢劫經)》·《선경(禪經)》·《선법비요경(禪法秘要經)》·《선요해경(禪要解經)》·《미륵성불경(彌勒成佛經)》·《미륵하생경(彌勒下生經)》·《십송률(十誦律)》·《십송계본(十誦戒本)》·《보살계본(菩薩戒本)》·《석론(釋論)》·《성실론(成實論)》·《십주론(十住論)》·《중론(中論)》·《백론(百論)》·《십이문론(十二門論)》 등 경전 300권을 번역했다. 모두 신령스러운 근본을 환히 밝히고 그윽한 곳의 취지를 잘 설명했다. 구마라습 당시 사방 만 리에서 불교의 이치를 탐구하려는 사람들이 모여들었으니, 경전을 전파하는 일이 오래도록 번성해 오늘날에 이르기까지 모두 흠모하고 있다.

용광(龍光)의 석도생(釋道生)은 지혜와 깨우침이 미묘한 곳에 이르렀고, 현묘함을 문장 밖으로 끌어낼 정도였으나, 매번 말이 어긋날까 걱정되어 관중 지방으로 찾아가 구마라습에게 판단을 요청했다. 여산(廬山)의 혜원(慧遠)은 여러 경전을 두루 알아 부처님의 가르침을 전하고 있는 인재였다. 그럼에도 당시는 부처님이 열반하신 지 오래되어 의심나는 뜻을 판단할 수 없었으므로 편지를 보내 구마라습에게 문의했는데, 그 내용은 〈석혜원전〉에 보인다.

애초 승예(僧叡)는 재능과 식견이 고명해 늘 구마라습을 따라다니며 [경전을] 베껴 쓰곤 했다. 구마라습은 매번 그를 위해 서역의 문체에 대해 이야기하면서, 중국의 문체와 차이 나는 점을 이렇게 말했다. "인도의 풍속은 문장의 체제를 대단히 중시해 궁상체(宮商體)36)의 운율이 현악기 연주에 맞는 것을 훌륭히 여긴다. 대개 국왕을 알현하면 반드시 국왕의 덕을 찬미하고, 부처님을 뵈면 노래로써 찬양하는 것을 귀하게 여긴다. 경전에 들어 있는 게송은 모두 그러한 양식이다. 그러나 경전의 범어를 중국어로 바꾸면 그 수식의 문채(文彩)를 잃어버린다. 비록 대강의 뜻은 전할 수 있지만 문체가 현격히 달라진다. 마치 밥을 씹어서 다른 사람에게 주면 음식의 맛을 잃을 뿐만 아니라 구역질이 나는 것과 같다." 구마라습은 일찍이 법화(法和)

---

36) 궁상(宮商) : 가락이나 음률의 뜻으로 쓴 듯하다. 궁상각치우의 5음계는 중국이나 우리나라에서 사용된 음계인데, 여기서는 인도의 불경이 주로 외우기 쉬운 게송으로 되어 있고 악기로도 연주할 수 있는 장편서사시의 형태가 많기 때문에 궁상체라는 표현을 쓴 것 같다.

비구에게 게송을 지어 주었다. "마음의 산이 밝은 덕을 기르니, 그 향기는 일만 유순[37]까지 흐르네. 슬퍼하는 난새 외로이 오동나무에 깃드니, 청아한 울음소리 하늘 끝까지 사무치네." 게송 열 개를 지었는데, 문체와 비유가 모두 이러했다. 구마라습은 평소 대승 경전을 좋아해 대승의 뜻을 널리 펴고자 했다. 그러나 늘 한탄하기를, "내가 만약 대승아비담(大乘阿毘曇)에 대한 논서를 쓴다면 가전연자(迦旃延子)[38]는 비교할 수도 없으리라. 이제 중국 땅에 깊은 학식을 가진 자가 드물어 여기서 붓을 꺾노니, 장차 무엇을 말할 것인가?"라고 하며 쓸쓸히 그만두었다. 오직 요흥을 위해 《실상론(實相論)》 2권을 저술하고, 아울러 《유마경》에 주석을 달았을 뿐이다. 입에서 나오면 그대로 문장을 이루어 고치거나 뺄 것이 없었고, 문체와 비유가 완곡하면서도 심오하지 않은 것이 없었다.

---

37) 유순(由旬) : 원문에는 유연(由延)으로 표기되어 있으나 같은 의미다. 고대 인도의 단위로 소가 끄는 수레가 하루에 갈 수 있는 거리를 가리키는데 8km, 11km, 15km 등 여러 가지 설이 있다.

38) 가전연자(迦旃延子) : 부처의 10대 제자 중 한 사람으로 교리에 밝아 논의제일이라고 불렸던 성자다. 원래 아반티왕국의 왕족으로 왕명을 받아 부처를 초청하러 갔다가 제자가 되었으며, 이후 귀국해 아반티왕국에서 불교를 전파했다.

구마라습은 사람됨이 맑고 투명했으며 굳센 기질이 뭇 사람과 달랐고, 기연에 따라 깨닫는 능력은 그와 짝을 이룰 사람이 드물었다. 성품이 돈독하고 인자했으며, 두루 사랑하는 마음을 가졌고, 자신을 비우고 사람들을 잘 인도하면서도 하루 종일 게을리하지 않았다. 요흥은 늘 구마라습에게 "대사의 총명과 뛰어난 깨달음은 천하에 둘도 없습니다. 만약 하루아침에 세상을 떠나게 된다면 어찌 불법의 종자가 세상에서 끊어지게 둘 수 있겠습니까?"라고 했다. 마침내 기녀 열 명을 억지로 받아들이도록 했다. 이후에는 승방에 머물지 않았으며 별도로 관사를 짓고 살았는데, 풍족할 정도로 [물자를] 공급받았다. 매번 설법을 할 때면 늘 먼저 자신의 입장을 비유하면서, "마치 진흙 속에서 연꽃이 피는 것과 같으니, 다만 연꽃만을 취하고 냄새나는 진흙은 취하지 말지라" 했다.[39]

처음 구마라습이 구자국에 있을 때 비마라차율사(卑摩

39) 대승의 법기(法器)로 인정받던 구마라습이 처음에는 여광의 강요로, 이번에는 요흥의 강요로 실계(失戒)했다. 진흙은 그가 실계한 사실을 가리키며, 연꽃은 진리를 가리킨다. 스승의 행위를 비난하더라도 설법은 수용하라는 것이다.

羅叉律師)로부터 계율을 전수받았는데, 나중에 비마라차 율사가 관중 지방으로 왔다. 구마라습은 그 이야기를 듣고 기뻐하면서 스승으로 예우하고 공경을 다했다. 비마라차율사는 구마라습이 핍박당한 일[즉, 계율을 잃은 일]을 몰랐기 때문에 그에게 물었다. "그대는 중국 땅과 큰 인연이 있다. 전수받은 제자는 몇이나 되는가?" 구마라습이 대답했다. "중국 땅은 경전과 율전이 갖추어져 있지 않아 새로운 경전 및 여러 논서를 대부분 제가 번역했습니다. 제자 3000여 명이 제게 불법을 배우고 있습니다만 저는 깊은 업장에 얽매여 스승으로는 존경받지 못하고 있습니다." 또 배도(杯度) 비구가 팽성(彭城)에 있었는데, 구마라습이 장안에 있다는 말을 듣고 탄식했다. "나는 이 사람과 유희 삼아 작별한 지가 300여 년인데, [금생에는] 아득히 만날 기약이 없으니 더디면 내생에나 만나겠구나."

죽기 전에 구마라습은 온몸이 편안하지 않음을 느꼈다. 이에 주문을 세 차례 외우고 외국인 제자들로 하여금 이 주문을 외우게 해 치료하려고 했으나 효력이 미치지 못해 병이 더욱 위중해졌다. 그리하여 애써 병을 참고 뭇 승려들과 작별하며 말했다. "불법으로 말미암아 만났는데 피차 마음을 다하지 못한 채 바야흐로 세상을 뒤로하게 되었으니, 슬프고 비통한 심정을 어찌 말로 다 하겠는가? 나는 어리석고 우둔한데도 그릇되게 경전 번역의 책임을 맡아 경전과 논서를 대략 300여 권이나 번역했다. 오직 《십송률》 한 부는 번거로운 문장을 미처 정리하지 못했는데, 그 본래 취지대로 두더라도 크게 잘못한 곳은 없을 것이다. 원컨대 번역한 모든 경전이 후세에 전해져 모두 널리 전파되기를 바란다. 이제 대중 앞에서 진실히 맹세하노니 만약 내가 번역한 경전에 잘못된 점이 없다면 내 몸을 화장한 후에도 내 혀는 불타지 않을 것이다." 후진(後秦) 홍시(弘始) 11년(409) 8월 20일 장안에서 입적하니, 동진(東晋)의 연호로는 의희(義熙) 5년이었다. 곧바로 소요원에서 외국의 장례법에 따라 화장했는데, 장작불이 시신을 모두 태웠지만 오직 혀만은 재가 되지 않았다. 나중에 외국 승려 한 사람이 와서 "구마라습이 암송한 경전 가운데 십분의 일도 번역하지 못했다"고 했다. 애초 구마라습의 이름은 구마라기바(鳩摩羅耆婆)였는데, 서역에서 이름을 지을 때 대부분 부모의 이름을 근본으로 삼기 때문이었다. 구마라습의 아버지는 이름이 구마염(鳩摩炎)이었고, 어머니는 이름이 기바(耆婆)였기 때문에 두 사람의 이름을 함께 취했다. 그러나 구마라습이 입적한 연월일에 대해서는 여러 기록이 일치하지 않는다. 혹은 홍시(弘始) 7년(405)

이라고도 하고, 혹은 홍시 8년이라고도 하며, 혹은 홍시 11년으로 기록한다. 홍시 7년과 11년이라는 기록을 살펴보면 아마도 글자를 잘못 썼을 가능성이 있다. 《역경록(譯經錄)》에는 오히려 홍시 1년으로 기록되어 있는데, 아마 세 가지 기록이 혼동될까 두려워 결정할 수 없었기 때문일 것이다.

4. 진 장안 오급사의 석도안

석도안(釋道安)은 속성이 위(衛)씨이며 상산(常山) 부류(扶柳)[40] 사람이다. 대대로 유명한 유학자 집안이었으나 부모가 일찍 돌아가시는 바람에 외사촌형 공씨(孔氏)가 양육했다. 7세 때 책을 읽으면 두 번 만에 외울 수 있었기에 이웃 사람들이 찬탄하고 기이하게 여겼다. 열두 살에 출가해 비구가 되었다. 지혜로웠으며 총명하고 민첩했으나 외모가 대단히 추루해 스승의 기대를 받지 못했다. 3년 동안 열심히 밭을 갈고 잡일을 했으나 조금도 원망하는 기색 없이 굳은 의지로 정진에 힘썼고 재계(齋戒)도 빠트리지 않았다. 몇 년이 흐른 뒤에야 비로소 스승에게 아뢰어 경전을 구하니, 스승은 그에게 《변의경(辯意經)》 한 권을 주었는데 5000자 정도 분량이었다. 도안은 경전을 가지고 밭으로 가서 쉬는 시간에 다 보고는 저녁에 돌아와 돌려주며 다른 경전을 얻고자 했다. 스승이 물었다. "어제 준 경전도 다 읽지 않았을 터인데 지금 다시 [다른 경전을]

---

40) 상산(常山) 부류(扶柳) : 상산은 군명(郡名)으로 현재의 허베이성(河北省) 정딩현(正定縣) 남쪽에 해당한다. 부류는 현명(縣名)으로 현재의 허베이성 지현(冀縣)에 있다.

구하려는가?" 도안은 "이미 다 외웠습니다"라고 했다. 스승은 기이하게 생각했으나 믿지는 않았다. 다시 《성구광명경(成具光明經)》 한 권을 주었는데 1만 글자가 조금 안 되는 경전이었다. 도안은 처음에 했던 것처럼 가지고 가서 저녁때가 되자 다시 스승에게 돌려주었다. 스승이 경전을 들고 도안에게 암송해 보라고 했더니 한 글자도 틀리지 않았으므로, 크게 놀라고 감탄해 그를 전과 다르게 대했다. 후에 도안이 구족계를 받을 수 있도록 자유롭게 학문을 배우러 가게 했다. [도안이] 업(鄴)으로 가 중사(中寺)에서 불도징(佛圖澄)을 만났는데, 불도징은 찬탄하면서 하루 종일 그와 더불어 이야기했다. 다른 승려들은 모두 도안의 외모가 훌륭하지 못한 것을 보고 그를 얕잡아 보았다. 불도징이 "이 사람은 원대한 식견을 가지고 있어 너희들의 짝이 아니다"라고 말했으므로 이 일로 인해 도안은 그를 스승으로 삼았다. 불도징이 강의하면 도안이 매번 다시 반복해서 말했으나 뭇 승려들은 도안이 마음에 들지 않았으므로 모두 "기회를 봐서 저 곤륜노[41]를 당황

41) 곤륜노(崑崙奴) : 원문에는 곤륜자(崑崙子)로 되어 있다. 고대 중국에서는 아프리카 일대에서 팔려 온 흑인 노예를 곤륜노라고 불렀다. 도안의 얼굴이 검고 외모가 보잘것없었으므로 경멸하는 뜻에서 부른 것으로 보인다.

하게 만듭시다"라고 말했다. 도안이 나중에 다시 반복 강의를 하자 사방에서 질문이 나왔으나 그는 그들의 날카로운 질문을 꺾어 버리고 의문점을 시원스럽게 해소했다. 그런 후에도 여유가 있었으므로 당시 사람들이 이렇게 말했다. "얼굴 검은 도인이 사방의 이웃을 놀라게 하는구나." 당시 학자들이 대부분 보고 들은 것만을 고수하는 것에 대해 도안은 탄식하며 말했다. "위대한 스승들은 비록 시대가 아득하게 멀지만 현묘한 뜻을 찾아볼 수 있으니, 응당 그 심원한 가르침을 연구하고 오묘한 가르침을 찾음으로써 무생(無生)의 이치를 말세에 선양하고, 세상을 돌아다니며 수행하는 무리로 하여금 근본으로 돌아가게 하리라." 이리하여 각지를 돌아다니며 불교의 진리를 묻고 경율(經律)의 대가(大家)를 찾아다녔다.

후에 도안은 난리를 피해 확택(濩澤)[42]에 숨었다. 태양(太陽)[43]의 축법제(竺法濟), 병주(幷州)[44]의 지담(支曇)이 《음지입경(陰持入經)》을 강의했으므로 도안은 나중에

---

42) 확택(濩澤) : 현재의 산시성(山西省) 양성(陽城)에 있다.

43) 태양(太陽) : 《신역고승전(新譯高僧傳)》(三民書局)에 따르면 '대양(大陽)'의 착오인 듯하며, 현재의 산시성 핑루(平陸) 서남쪽이다.

44) 병주(幷州) : 현재의 산시성 타이위안(太原) 서남쪽이다.

그들에게 경전을 배웠다. 얼마 후 동문수학한 축법태(竺法汰)와 함께 비룡산(飛龍山)에 들어갔는데, 사문 승선(僧先)과 도호(道護)가 이미 그 산에 살고 있어 만나서 기뻐하며 함께 글을 열람하고 사색했는데, 신묘한 생각들이 나왔다. 도안은 나중에 태항산(太行山)과 항산(恒山)에 사찰과 탑을 세웠는데, 이에 승복으로 바꾸어 입고 교화를 따르는 자들이 하북 지방에 많았다. 당시 무읍(武邑)[45] 태수였던 노흠(盧歆)은 도안의 성품이 맑고 뛰어나다는 말을 듣고 사문 민견(敏見)을 보내 강석을 열어 줄 것을 간절히 청했다. 도안은 요청을 거절했으나 끝내 피할 수 없게 되자 수락하고 강석을 열었는데, 그 명성과 실제 사실이 부합했으므로 승려와 속인 모두가 기뻐하고 흠모했다.

45세가 되었을 때 다시 기부(冀部)[46]로 돌아가 수도사(受都寺)에 머물렀는데 제자들이 수백 명에 이르렀고 자주 설법했다. 당시 석호(石虎)[47]가 죽고 팽성왕(彭城王)

45) 무읍(武邑) : 군명(郡名)으로 현재의 허베이성 우이(武邑)다.

46) 기부(冀部) : 탕융퉁의 견해에 따르면 기도(冀都)의 착오다. 즉, 기주(冀州)를 다스리던 업도(鄴都)의 다른 이름으로 보인다.

47) 석호(石虎) : 오호십육국 시대 후조(後趙)의 황제(295~349). 석륵(石勒)의 조카로 성격이 잔인무도했으나 용맹하고 몸이 날래 탁월한

석준(石遵)이 제위를 이었다. 축창포(竺昌蒲)를 보내 도안을 화림원(華林園)[48]에 초청하고, [도안을 위해] 승방을 널리 수리했다. 도안은 석씨 왕조가 이미 말기에 이르러 장차 국운이 위태로워질 것이라고 여기고, 서쪽에 있는 견구산(牽口山)으로 갔다. 염민(冉閔)의 난[49]이 일어나 인정이 냉담해지자 도안은 대중에게 말했다. "지금 하늘에서 가뭄과 메뚜기 떼의 재앙을 내리고 도둑의 무리가 사방을 휩쓸고 있으니, 모여 있어도 [승단이] 설 수 없지만 흩어져도 안 될 것이다." 이에 대중을 거느리고 왕옥산(王屋

군공(軍功)을 세웠다. 석륵은 그를 조왕(趙王)에 임명하고 본거지인 업성(鄴城)을 지키는 책임을 자주 맡겼다. 석륵이 죽은 뒤에는 승상 겸 대선우가 되어 조정의 대권을 장악했다. 334년에 석홍(石弘)을 폐위하고 조천왕(趙天王)을 자처했다. 불도징을 신처럼 받들었으나 잔인하고 흉포한 까닭에 끝내 불교의 이치를 깨우치지 못했으며, 그의 사후 오래되지 않아 나라가 어지러워지고 사방에서 반란이 일어났다.

48) 화림원(華林園) : 석호가 업도(鄴都)에 세운 원림(園林)이다. 규모가 수십 리에 이르렀으며, 내부에는 능운성(凌雲城) · 금화주(金花州) · 광벽당(光碧堂) · 비운전(飛雲殿) 등 명승지가 있었다.

49) 염민(冉閔)의 난 : 염민은 본래 한족(漢族)이면서 석호의 양아들로 길러졌다. 뛰어난 전공을 세워 대장군이 되었으나 석호의 아들인 석감(石鑑)을 살해하고 왕이 되었다. 왕이 된 뒤 한족의 복수를 한다는 명분으로 석씨 일족을 살육하고, 아울러 석씨와 같은 종족인 갈족(羯族) 20만여 명을 학살했다.

山)과 여휴산(女休山)[50]으로 들어갔다. 얼마 후에는 다시 황하를 건너 육혼현(陸渾縣)에 머물렀는데 산속에서 초근목피를 먹으면서 학문을 닦았다. 얼마 후 모용준(慕容儁)[51]의 군대가 육혼현을 공격했으므로 남쪽 양양(襄陽) 땅으로 몸을 의탁하려고 가다가 신야(新野) 지방에 이르렀을 때 도안이 제자들에게 말했다. "이제 흉년을 만났으니 국왕의 힘에 의탁하지 않는다면 불법을 세우기 어려울 것이다. 또한 교화의 바탕은 응당 불법을 널리 전파하는 것이다." 제자들이 모두 "법사님의 가르침을 따르겠습니다"라고 했다. 이에 제자 축법태를 양주(楊州)로 보내면서, "저 땅은 군자가 많고 풍류를 숭상한다"고 했다. 또 제자 축법화(竺法和)를 촉(蜀) 땅으로 보내면서, "[촉 땅의]

---

50) 여휴산(女休山) : 여림산(女林山) 또는 여상산(女牀山)으로 소개하는 판본도 있다.

51) 모용준(慕容儁) : 319~360. 전연(前燕)의 황제로 창려(昌黎)의 극성(棘城) 사람이며 모용황(慕容皝)의 둘째 아들이다. 전연왕이었던 모용황이 사망하자 왕위를 계승했다. 후조(後趙)의 석호가 사망한 후 그의 양아들이었던 염민이 석씨 일족과 갈족 20만 명을 도살하자, 염민을 공격해 죽이고 후조가 지배하던 영역 일대를 차지했다. 352년 전연의 황제로 즉위하고 업성을 도읍으로 결정했다. 360년 동진(東晉)을 정벌하기 위해 병력을 징발하고 검열하던 중, 병이 심해져서 사망했다. 아들 모용위(慕容暐)가 제위를 계승했다.

산수는 수도할 만하다"라고 했다. 도안과 제자 혜원(慧遠) 등 400여 명은 황하를 건넌 뒤, 한밤중에 길을 가다가 소나기를 만나게 되어 번갯불에 의지해 겨우 나아갔다. 앞으로 가다 보니 인가가 나왔는데 문 안쪽에 말 매는 기둥이 둘 있는 것을 발견했다. 두 기둥 사이에는 말구유가 매달려 있었는데, 곡식 한 섬을 담을 만한 크기였다. 도안이 곧바로 "임백승아!"라고 외치자 집주인이 놀라서 뛰쳐나왔다. 과연 그는 성이 임(林)이고 이름이 백승(百升)이었다. 그는 도안을 신인(神人)이라 여기고 그 일행을 후하게 대접했다. 후에 제자들이 어떻게 그의 이름을 알았는지 묻자 대답했다. "나무 두 개가 모이니 임(林)이고, 말구유는 백 되[百升]를 담을 만한 크기였기 때문이다."

양양에 도착한 뒤에는 다시 불법을 펼쳤다. 경전이 번역된 지는 이미 오래되었는데, 이전 번역본은 때때로 틀린 부분이 있었으며 심오한 뜻이 숨겨져 있어 뜻이 잘 통하지 않았다. 따라서 경전을 강의할 때면 오직 대강의 뜻을 풀이해 주고 경전을 소리 내 읽도록 하는 수밖에 없었다. 도안은 경전을 널리 열람해 숨겨진 심원한 뜻을 찾았으며, 《반야도행경(般若道行經)》·《밀적경(密迹經)》·《안반수의경》 등 총 22권의 [전후] 문장을 찾아 구절을 비교하며,

의문점을 분석하고 숨겨진 뜻을 감별해 주석을 달았다. 서술이 풍부하면서도 심원한 뜻을 다 표현해 조리가 있을 뿐 아니라 문장의 이치가 두루 잘 통해 경전의 뜻을 잘 밝혔으니, [이러한 주석서는] 도안이 시작한 것이다. 한위(漢魏) 시대에서 진(晉)나라에 이르기까지 전래된 경전이 꽤 많았으나 경전을 전한 사람이 그 이름을 말하지 않았으므로, 후대의 학자들은 그 근원을 탐구하려 해도 연대를 짐작할 수 없었다. 이러한 까닭에 도안은 경전의 제목을 모두 모아 번역한 사람과 시대를 드러내고 옛날과 지금의 번역을 품평해 《경록(經錄)》[52]을 편찬했으니, 번역된 경전의 근거를 찾을 수 있게 된 것은 참으로 그의 공로였다. 사방의 학자와 지식인들이 앞을 다투어 양양으로 가서 그를 스승으로 모셨다. 당시 강릉(江陵) 지역에 주둔하던 정서장군(征西將軍) 환낭자(桓朗子)가 초청하자 잠시 강릉에 머물렀고, 서쪽 지방에 주둔하던 주서(朱序)가 다시 양양으로 초청하자 되돌아가서 깊은 교분을 맺었다. 주서는 늘 찬탄하면서 "도안법사는 불도를 배우는 다리이며, 정치를 맑게 하는 부뚜막이다"라고 했다. 도안은 백마사(白

---

52) 《경록(經錄)》: 도안이 편찬한 《종리중경목록(綜理衆經目錄)》을 지칭하는 것으로 보인다. 이 불경 목록집은 산실되었지만 내용 대부분은 승우(僧祐)가 편찬한 《출삼장기집(出三藏記集)》에 보존되어 있다.

馬寺)가 협소하다고 생각해 다시 절을 짓고 단계사(檀溪寺)라고 했는데, 청하(淸河) 사람 장은(張殷)의 저택이었다.[53] 이에 부호와 덕망 높은 사람들이 모두 찬조금을 보탰으므로, 5층탑을 짓고 승방 400개를 세웠다. 양주자사(凉州刺史) 양홍충(楊弘忠)이 구리 1만 근을 보내면서 승로반(承露盤)[54]을 만들기를 원했다. 도안은 "승로반은 축법태 스님이 다 만들었으니 이 구리를 녹여 불상을 주조해도 되겠습니까?"라고 물었다. 양홍충은 기뻐하며 응낙했다. 이어서 대중이 함께 재물을 희사해 불상을 만들었는데, 1장 6척 크기의 형상이 신령스럽게 빛났으며, 매일 밤 불상에서 빛이 나와 법당과 대웅전을 환히 비추었다. 이 불상은 나중에 스스로 움직여 만산(萬山)까지 이르렀으므로 온 고을 사람들이 우러러보며 예불했는데, 다시 절로 되돌아갔다. 도안은 큰 소원을 성취했으므로 "오늘 저녁에 죽어도 좋다"고 말했다.

---

53) 중국 불교가 발전하는 초기 경제 상황을 잘 보여 주는 것이다. 당시는 명망 높은 고승과 대덕들이 국왕이나 권문세가의 지지로 재물을 기증받아 사찰을 세우는 일이 많았으며, 또한 자기 소유의 저택을 기증해 사찰로 만들게 한 사례도 적지 않았다.

54) 승로반(承露盤) : 노반(露盤)이라고도 부른다. 불탑의 지붕 덮개에 설치하는 구륜(九輪)을 말한다.

전진왕(前秦王) 부견(苻堅)이 사신을 보내 7척 크기의 금박 불상과 그 밖에 금불좌상, 결주미륵불상(結珠彌勒佛像), 금실로 수놓은 불상[金縷繡像], 직물로 짠 불상[織成像] 한 기씩을 보내왔다. 경전 설법을 들으러 대중이 모일 때면 불상들을 진열하고 당번(幢幡)[55]을 늘어놓았는데, 구슬과 패옥 장식이 찬란히 빛나고 향불과 연등도 꽃이 피듯이 화려했다. 절의 계단을 올라 문에 들어오는 사람들은 모두 숙연해져서 예를 올렸다. 외국에서 가져온 구리 불상이 하나 있었는데 그 형상이 괴이해 당시 사람들이 그다지 공경하지 않았다. 도안은 "불상의 형체는 아름다우나 육계(肉髻)[56]의 형태가 어울리지 않는다"고 했다. 이에 제자들에게 화로로 그 육계를 녹이도록 했더니 찬란한 광채가 빛나면서 온 법당을 환히 비추었다. 육계의 안을 자세히 살펴보자 사리 하나가 나타났으므로 대중이 모두 부

---

55) 당번(幢幡) : 긴 장대 끝에 용머리 모양을 장식하고 비단으로 깃발을 드리운 것이다. 부처, 보살의 위신력을 상징하고 장엄함을 드러내기 위해 불당 앞에 세운다.

56) 육계(肉髻) : 부처만 지니고 있다는 서른두 가지 형상 가운데 하나로, 정수리가 상투 모양으로 봉긋 솟아올라 있는 모양이다. 초인적인 수행을 완성한 성자에게 나타난다고 한다.

끄러워하며 도안에게 탄복했다. 도안이 "불상이 이미 신령스런 이적을 보였으니 번거롭게 고칠 필요가 없다"고 해서 고치는 일을 그만두었다. 식자들이 모두 말하기를, 도안법사는 사리가 있다는 것을 알고 있었으므로 꺼내서 대중에게 보여 주었다고 했다.

이때 양양에는 습착치(習鑿齒)라는 이가 있었는데, 언변이 뛰어나 명성이 천하를 뒤덮었다. 그는 일찍부터 도안의 높은 명성을 듣고 교유하기를 바라며 편지를 썼다. "법사께서 진리를 실천하시는 것은 분명 내심에서 융화해 나온 모습이니 그 자애로운 가르침은 천하를 두루 비추고 승려와 속인들이 모두 은택을 입었습니다. 불교의 큰 가르침이 동쪽에 들어온 지 400여 년이 되었으니 오랑캐왕의 시대에도 때때로 믿는 자가 있었습니다. 중국에는 예전부터 [성인의] 가르침이 있어 [부처의 가르침보다] 앞서 행해지고 있었으니, 도의 운수는 시대에 따라 변하는 법인데 세상에는 깨달음이 부족했습니다. 근래 불교의 융성은 [이전의] 모든 시대에 그 짝을 찾을 수 없습니다. 이른바 달빛이 장차 나타날 때에는 신령스러운 발우(鉢盂)가 세상에 내려온다고 합니다.[57] 법사께서는 시대의 모범을 보이시어 깊은 곳까지 두루 교화를 펴시니 이곳의 모든 승려들이 법사를 우러러보고 있습니다. 법사께서 동쪽으로 오셔서 마니주의 빛을 되비추시고, 칠보의 법좌에 오르시어 잠시 명철한 등불을 밝혀 주소서. 무성한 초목에 감로의 비를 내려 주시고, 강남 지방에도 전단나무를 심어 주소서. [이렇게 하신다면] 여래(如來)의 가르침이 오늘날에도 다시 드높아질 것이며, 진리의 파도가 흘러넘쳐 한 시대를 거듭 휩쓸 것입니다." [습착치의] 글이 길어 다 실을 수 없다. 도안이 [양양에] 머무르고 있다는 말을 듣고 습착치는 곧바로 찾아가 인사했다. 자리에 앉자 그는 스스로를 "사해(四海)에 알려진 습착치라고 합니다"라고 말했다. 그러자 도안은 곧바로 "하늘까지 알려진 석도안입니다"라고 대답했다. 당시 사람들은 도안의 대답을 명답이라고 여겼다. 나중에 습착치가 배 열 개를 보냈는데 때마침 대중의 공양 시간이었으므로 도안이 손수 그것들을 쪼개 나누어 주었다. 도안이 다 나누었을 때에는 두루 돌아가서 조금도 모자라지 않았다. 고평(高平) 사람 치초(郗超)도 사람을 시켜 쌀 1000곡(斛)과 몇 장이나 되는 편지를 함께 보내 정성을 드러냈다. 이에 도안은 이렇게 답장을 보냈다.

---

57) 달빛은 불교의 진리를, 발우는 고승을 상징한다. 달빛과 더불어 신령스러운 발우가 나타난다는 것은 위대한 고승이 세상에서 활약하게 됨을 의미한다.

"쌀을 보내 주시니, [먹을 것에] 의지하는 바가 번뇌가 된다는 말뜻을 다시 깊이 깨달았습니다." 습착치는 사안(謝安)에게 보낸 편지에서 이렇게 말했다. "이곳으로 와서 석도안 법사를 만났는데, 일반 승려보다 훨씬 뛰어난 대단한 승려이며 문도가 수백이나 되지만 재회와 설법을 게을리 하지 않습니다. 신통 변화와 기이한 도술로 사람들의 귀와 눈을 미혹하지 않으며, 큰 위세로 뭇 소인들의 불량한 점을 다스리지도 않습니다. 그러나 스승과 제자들은 태도가 엄숙하면서도 서로 존경하고 위엄이 있으니, 그것은 내가 일찍이 본 적이 없는 일입니다. 도안법사는 가슴속에 품은 바가 간결하면서도 진지하고, 널리 많은 일에 관여하고 있으며, 내외의 많은 경서를 두루 섭렵했고, 음양이나 산수에 이르기까지 모두 다 보았습니다. 또한 불경의 오묘한 뜻에도 능통해 잘 이해하고 있습니다. 법사가 경전의 뜻을 설명하는 것은 축법란(竺法蘭) · 축법도(竺法道) 스님과 비슷합니다. 유감스러운 것은 그대가 저와 함께 만나 뵙지 못하는 것으로, 도안스님 역시 늘 그대를 한번 만나고 싶다고 말하십니다." 도안이 당시에 현인으로 존중받은 것이 모두 이러했다.

도안은 번면(樊沔) 지방[58]에서 15년간 기거하며 매년

두 차례씩 《방광반야경(放光般若經)》을 강의했다. 동진(東晋)의 효무제(孝武帝)는 도안의 풍모와 덕행을 흠모해 사신을 보내 안부를 물으며, 아울러 조서를 내렸다. "도안 법사는 인품과 학식이 두루 뛰어나고 기풍과 운치가 있으며, 불도를 지키며 세상 사람들을 가르치니 그 현저한 업적은 뛰어나다. 어찌 단지 현재 세상의 규범만이겠는가? 아마 미래의 세상도 가르치고 인도할 것이다. 그에게 올리는 공물은 왕공(王公)과 같은 수준으로 하며, 공물은 법사가 계신 군현에서 내도록 하라." 당시 전진왕 부견은 평소 도안의 명성을 듣고, "양양에 석도안이란 자가 있는데, 신령스러운 자질을 가지고 있다니 그를 얻어 짐을 보좌하게 하고 싶구나"라고 했다. 나중에 부비(苻丕)를 보내 남쪽에 있는 양양을 공격하도록 해 도안과 주서(朱序)를 모두 사로잡았다. 부견은 복야(僕射) 벼슬을 하는 권익(權翼)에게 말했다. "짐은 10만 군대로 양양을 함락해 오직 한 사람 반을 얻었을 뿐이다." 권익이 물었다. "누구입니까?" 부견이 대답했다. "도안공이 한 사람이고, 습착치가 반 사람이다." 도안이 장안(長安)에 이르러 오중사(五重寺)에 주석했는데, 승려가 수천에 이르렀으며 불교의 교

58) 번면(樊沔) : 현재의 샹양(襄陽) 일대.

화가 널리 퍼지게 되었다. 불교 전래 초기의 위진(魏晉) 승려들은 스승의 법호를 성으로 삼았기 때문에 승려들의 성이 각기 달랐다. 도안은 큰 스승의 근본으로 석가모니를 존중하고 따르는 것보다 더한 것이 없다고 여겨 석(釋)자를 성으로 쓰게 했다. 후에 《증일아함경(增一阿含經)》을 얻었는데, 과연 "사방의 강이 바다로 들어가면 더 이상 강이란 명칭을 쓰지 않듯이, 사방의 성씨가 비구가 되면 모두 석가의 종족으로 불러야 한다"는 구절이 있었다. 이미 경전의 내용과 부합하므로 마침내 영원히 법식으로 삼았다.

도안은 불경 외에도 많은 서적을 섭렵해 문장을 짓는 일에도 뛰어났다. 장안에서 귀족 자제로서 시부(詩賦)를 지으려는 젊은이들이 모두 그에게 의탁해 명성을 얻고자 했다. 당시 남전현(藍田縣)에서 큰 솥 하나를 얻었는데, 27곡(斛)을 담을 수 있는 용량이었다. 테두리에는 전서(篆書)로 새긴 글이 있었는데, 사람들이 글의 내용을 알 수 없어 도안에게 보였다. 도안은, "이것은 고대의 전서(篆書)로, 이 솥이 노(魯) 양공(襄公)이 주조한 것이라고 기록되어 있다"고 하며 아울러 [그 내용을] 예서로 옮겨 썼다. 또한 어떤 사람이 시장에서 동곡(銅斛)[59]을 팔았는데 모양은 둥글고 아래쪽은 말[斗] 단위를 잴 수 있었고, 가로대를 들어 올리면 되[升] 단위를 잴 수 있었으며, 낮은 쪽은 홉[合] 단위를 잴 수 있었다. 가로대의 한쪽 끝은 피리였는데, 그 소리는 종과 같았고 반 홉 정도를 담을 수 있는 크기였으며, 가장자리에는 전서가 새겨져 있었다. 부견이 이 물건에 대해 도안에게 물었다. 도안이 대답했다. "이것은 왕망(王莽) 스스로 순(舜)임금으로부터 나온 것[60]이라고 한 바 있는데, 황룡(皇龍)이 모이는 무진(戊辰)일에 왕망이 연호를 고치면서 진짜 황제에 즉위했습니다. [그 후] 도량형을 사방에 전파함으로써 크고 작은 계량 도구를 고르게 하고, 천하의 도량형을 균일하게 한 것입니다." 도안의 박학다식함이 이와 같았다. 부견은 내외의 학사들에게 칙령을 내려 의문이 있으면 모두 도안에게 배우라고 했다. 이 때문에 장안 사람들은, "학문을 하면서 도안을 스승으

---

59) 동곡(銅斛) : 기록이 없어 정확한 의미는 알 수 없으나 구리로 만든 도량형 도구로 추정된다.

60) 왕망은 한나라의 외척으로 자신의 딸을 황후로 만든 뒤 권력을 이용해 끝내 한나라를 빼앗았다. 새로운 왕조가 서면 먼저 도량형을 통일한 것은 빈번한 일이었으나 자신이 선택한 계량 도구의 유래가 순임금에게 있다고 주장한 것은 자신의 정통성을 변호하려는 목적으로 생각된다.

로 삼지 않는다면 의심스럽고 어려운 의미를 해결할 수 없다"고 했다.

도안은 늘 경전에 주석을 달면서 자신의 주석문이 이치에 맞지 않을까 두려워했다. 그리하여 "만약 해설한 바가 진리에서 그다지 어긋나지 않는다면 상서로운 조짐을 보여 주십시오"라고 서원했다. 그 후에 꿈속에서 새하얀 머리에 긴 눈썹을 지닌 서역 승려를 만났다. 그는 도안에게, "그대가 경전을 주석한 내용은 부처님의 진리와 잘 부합한다. 나는 열반에 들지 않고 서역에 머무르고 있는데, 응당 서로 도와 불교를 전파해야 하니 때때로 공양을 올리는 것이 좋을 것이다"라고 했다. 그 후에 《십송률》이 중국에 전해지자 제자인 혜원은 비로소 도안의 꿈에 나타났던 사람이 빈두로(賓頭盧)[61]존자임을 알았다. 이리하여 빈

---

61) 빈두로(賓頭盧) : 석가모니의 제자로 16아라한의 한 사람이며, 흰 머리와 긴 눈썹을 가졌다. 외도들이 높은 장대에 전단나무로 만든 발우를 걸어 놓고, 사다리나 장대를 쓰지 않고 그 발우를 얻는 자에게 그것을 주겠다고 선언했다. 이때 목련존자가 빈두로존자에게 명하니 신통력으로 그것을 취했다. 이 소식을 들은 석가모니가 외도들 앞에서 신통력을 쓴 것을 나무라며 염부제에 있지 말라고 꾸짖었기 때문에, 빈두로는 서구야니(西瞿耶尼)로 가서 대중을 교화했다. 부처님이 열반에 들지 말고 중생을 널리 교화하라는 명을 내렸으므로, 남인도 마리산에 거

두로존자의 대좌를 세우고 공양을 올리니, 사원마다 이렇게 하는 것이 준칙이 되었다. 도안은 덕망이 뭇 승려 중에 으뜸이었으며 경 · 율 · 론 삼장을 두루 배웠다. 그가 직접 만든 승려의 규범과 불법의 제도들은 그 조목을 셋으로 분류할 수 있다. 첫째는 향을 피우거나 자리에 앉거나 경전을 강의할 때나 설법할 때의 규범이요, 둘째는 일상생활에서 24시간 불도를 수행하면서 음식을 먹거나 염불할 때의 규범이며, 셋째는 포살(布薩) · 차사(差使) · 참회 등에 관한 규범이다. 천하의 모든 사원은 드디어 도안이 만든 규범을 따르게 되었다. 도안은 매번 제자 법우(法遇) 등과 함께 미륵불 앞에서 도솔천에 왕생하기를 서원했다. 나중에 전진(前秦) 건원(建元) 21년(385) 1월 27일, 갑자기 용모가 몹시 추루한 기이한 승려가 나타났는데, [도안이 머무르고 있는] 절로 와서 숙박했다. 사원의 승방이 비좁았기 때문에 그는 강당에서 자게 되었다. 당시 전각에서 숙직하던 유나(維那)는 한밤중에 이 비구가 창문 틈으로 출입하는 것을 목격하고 곧바로 도안에게 알렸다. 도안은 놀라서 급히 일어나 그를 찾아가 절을 올리고, 온 뜻을 물었다. 그 승려는 "그대를 위해 온 것이오"라고 대답했다.

주하면서 항상 중생을 교화하고 도와준다고 한다.

도안이 "스스로 죄가 깊은 것을 알고 있거늘, 어찌 해탈할 수 있겠습니까?"라고 했다. "[수행을] 많이 하면 제도될 것입니다. 그러나 잠시라도 부처님을 목욕시키면 서원한 바를 반드시 이룰 것입니다"라고 했다. 그 승려는 부처님을 관욕(灌浴)하는 법을 자세히 보여 주었다. 도안이 내생에 머물게 될 곳을 물었는데, 그 승려가 손으로 하늘 서북쪽을 가리키자 곧 구름이 열리면서 도솔천의 신묘한 과보를 볼 수 있었다. 이날 저녁 비구 대중 수십 명이 모두 목격했다. 도안이 나중에 관욕 도구를 준비하자 비범하게 생긴 아이 하나가 친구들을 수십 명 데리고 나타나더니 절 안으로 들어와 장난쳤다. 잠깐 사이에 도안은 관욕을 마쳤으니, 과연 성인의 응험이었다. 그해 2월 8일, 도안은 비구 대중에게 알렸다. "나는 응당 세상을 떠날 것이다." 이날 재(齋)가 끝나고 도안은 병 없이 입적했으며, 도성 안의 오급사(五級寺)에 안장되었다. 이해는 동진 태원(太元) 10년이었으며, 그의 나이 72세였다.[62]

도안이 입적하기 전 은사(隱士)인 왕가(王嘉)[63]가 도

62) 여기까지가 도안의 본전이며, 이하의 단락은 도안법사와 친교가 있었던 도사 왕가 및 구마라습과 연관된 기록으로 일종의 부록에 해당한다.

안대사에게 문안하러 왔다. 도안이 말했다. "세상이 이렇듯 어지러우니 머지않아 곧 세상 사람들에게도 영향이 미칠 것입니다. 저와 함께 떠나시겠습니까?" 왕가가 대답했다. "진실로 말씀하신 바와 같습니다만 스님께서 먼저 가십시오. 저는 조그만 빚이 남아 있어서 함께 갈 수 없습니다." 곧이어 요장(姚萇)[64]이 장안을 차지했는데, 왕가는 그때 일부러 장안성에 남았다. 요장은 부등(符登)과 대치한 지 오래되었으므로 왕가를 찾아가 물었다. "짐이 부등을 사로잡을 수 있겠는가?" 왕가가 대답했다. "거의 잡을 것입니다[略得]." 요장은 성을 내면서 "사로잡는다면 응당

---

63) 왕가(王嘉) : 생졸 미상. 《진서(晉書)》 〈예술전(藝術傳)〉에 따르면 그는 농서(隴西) 안양(安陽) 사람으로 도교 수련을 통해 예언과 방술에 뛰어나 부견의 패전을 예언했다. 주로 신선류의 인물들과 산천(山川)에 대한 전설 등을 수록한 《습유기(拾遺記)》라는 지괴소설집을 남겼다.

64) 요장(姚萇) : 330~393. 자는 경무(景茂). 후진(後秦)을 세웠으며 남안(南安) 적정(赤亭) 사람이다. 전진왕 부견이 북방을 통일하자 부족을 거느리고 부견의 휘하에서 양주제군사(梁州諸軍事)·사마(司馬)까지 되었으나, 모용홍(慕容泓)의 군대에게 패전하자 원래의 근거지로 달아나서 부족장을 거쳐 대추장이 되었다. 부견이 동진에 패배하자 385년 장안에서 부견을 죽이고, 이듬해 후진의 왕이 되었다. 부견의 아들 부등과 북방에서 공방전을 벌이다가 393년 12월에 병사했다. 맏아들 요흥이 제위를 계승했다.

사로잡는다고 말해야지 어찌 '거의'라는 말이 있겠는가?" 라고 말했다. 결국 [요장은] 왕가를 참형에 처하도록 했는데, 이것이 바로 왕가가 말한 '빚'이었다. 요장이 죽은 후 아들인 요흥(姚興)65)이 부등을 죽였다. 요흥의 자는 자략(子略)이니 바로 왕가가 말한 "거의 잡을 것이다"라는 말은 "자략이 잡을 것이다[略得]"라는 뜻이었다. 왕가는 자가 자년(子年)이고 낙양 사람으로 외모가 비루해 지능이 떨어지는 것처럼 보였다. 그는 성격이 본래 익살스럽고 남을 잘 웃겼으나 오곡을 먹지 않았으며 욕심이 없고 기(氣)를 먹고 살았으므로 사람들이 모두 그를 섬겼다. 그에게 가서 어떤 일이 잘될지 못될지를 물으면 모두 대답해 주었는데, 말하는 모양이 우스워 광대와 비슷했고 말한 내용은 예언과 비슷해 뜻을 이해하기 어려웠으나 지나고 나면 그가 말한 대로 징험이 있었다. 처음에 그는 가미곡(加眉谷)에서 제자들을 길렀는데 부견이 대홍려(大鴻臚)를 사신으

---

65) 요흥(姚興) : 366~416. 자는 자략(子略). 후진(後秦)의 2대 황제로 요장(姚萇)의 맏아들이다. 남아 있는 전진 부등(苻登)의 세력을 제거하고, 동진의 쇠퇴를 틈타 낙양을 공격하는 등 영토를 크게 넓혔다. 법률을 간명히 하고 노비들을 석방했으며, 농업을 발전시키고 유학과 불교를 크게 장려했다. 구마라습을 초청해 서명원(西明園) 등에서 대규모 역경 사업을 일으켜 북방 불교의 발전에 기여했다.

로 보내 불렀으나 가지 않았다. 부견이 장차 동진을 정벌하려고 사신을 보내 전쟁의 승패를 물었다. 왕가는 아무 말 없이 사신의 말을 타고 동쪽으로 수백 보 가는 척하다가 신발과 모자를 땅에 떨어뜨리고 옷을 벗어 내버린 후 말을 달려 되돌아왔다. 이것은 부견이 수춘성(壽春城)에서 패전할 것을 암시한 것으로, 그의 선견지명은 이와 같았다. 요장이 왕가를 살해한 날, 어떤 사람이 언덕 위에서 [살아 있는] 그를 보고 요장에게 편지를 보냈다. 도안대사의 신인(神人) 같은 계합(契合)은 모두 이러한 부류였다.

이보다 앞서 도안은 서쪽나라에 구마라습이 있다는 말을 듣고 함께 법회를 열고 싶어 늘 부견에게 대사를 모셔오라고 권유했다. 구마라습 역시 멀리서 도안의 풍모에 대해 듣고 동방의 성인으로 여겼으며 멀리서 늘 경배했다. 도안은 태어나면서부터 왼쪽 팔뚝 아래 1촌(寸)가량의 살가죽이 붙어 있어서 아래위로 만질 수는 있었지만 떼어 낼 수는 없었다. 또한 팔꿈치 바깥쪽으로 네모진 살이 달려 있고 신비스런 문자가 새겨져 있었으므로 당시 사람들은 도안을 '인수보살(印手菩薩)'이라고 불렀다. 도안이 열반한 뒤 16년 만에 구마라습이 비로소 장안에 이르렀다. 구마라습은 도안을 만날 수 없음을 유감스럽게 여겨 슬픔과 탄식을 그칠 수 없었다. 도안은 경전을 매우 좋아했으며 법을 널리 펴는 데 뜻을 두고 있었으므로 외국의 승려인 승가제바(僧加提婆)[66]·담마난제(曇摩難提)[67]·승가발징(僧伽跋澄)[68] 등을 초청해 수많은 경전 백만여

---

66) 승가제바(僧伽提婆) : 현재의 인도 카슈미르 지방에 있던 계빈국(罽賓國) 사람이다. 승가제화(僧伽提和)로 표기하기도 하는데, 의역하면 중천(衆天), 즉 '여러 하늘'이라는 뜻이다. 삼장(三藏)을 두루 공부했으며 《아비담심론(阿毘曇心論)》을 열심히 공부해 아비달마학에서 저명한 학자가 되었다. 부견 전진의 건원 연간에 관중 지방으로 입국해 법화(法和)와 더불어 기존 경전을 풀이하거나 교감하고 새로 간행했다. 요흥이 관중 지방에 들어오자 양자강을 건너 여산(廬山)의 혜원에게 몸을 의탁하고 《아비담심론》과 《삼법도론(三法度論)》 등을 번역했다. 동진의 현학 명사였던 왕순(王珣)의 요청으로 아비달마의 강석을 열었더니 승려와 문인들이 성황을 이루었다고 한다. 그의 입적 시기는 정확히 알 수 없다.

67) 담마난제(曇摩難提) : 4세기 말엽 중앙아시아 도거륵[兜佉勒, 토카라] 지방의 승려다. 전진(前秦) 건원(建元) 연간에 관중 지방에 왔다. 아함 계열의 경전을 전문으로 연구했다. 비서랑 조정(趙正)의 주선으로 도안·승가발징 등과 더불어 역경 사업에 종사해 《중아함경(中阿含經)》·《증일아함경(增一阿含經)》 등을 번역했다. 요장이 관중 지방을 침공하자 서역으로 귀국했다. 그의 입적 시기는 상세하지 않다.

68) 승가발징(僧伽跋澄) : 생졸 미상. 계빈국의 승려이며, 대승불교 아비달마론의 저명한 연구가다. 전진 건원 17년(381)에 관중 지방으로 입국했다. 역시 비서랑 조정의 주선으로 도안·담마난제·불도나찰(佛圖羅刹) 등과 협력해 《아비담비바사론(阿毘曇毘婆沙論)》·《바수밀

자를 번역했다. 도안은 늘 사문 법화(法和)와 함께 경전의 발음과 글자를 교정하고, 경문의 의미를 상세히 연구했으므로 새로 번역한 수많은 경전의 의미가 올바르게 되었다. 손작(孫綽)은 〈명덕사문론(明德沙門論)〉에서, "석도안은 만물에 해박하고 재능이 많으며 경전에 두루 능통하고 사물의 이름과 의미를 널리 알고 있다"고 했다. 또한 도안을 위해 찬(讚)을 지었는데 이런 내용이다. "사물에는 넓고 풍성한 덕이 있는데 사람이란 진실로 많은 일을 주재하는구나. 깊고 깊은 석도안 대사여, 오로지 그대만이 두 가지 덕성을 겸비하고 있구나. 견롱(汧隴)[69] 지방에서 명성을 날리더니 회해(淮海)[70] 지방까지 전해졌네. 대사의 육신은 비록 풀같이 사라졌다고 하지만 도리어 늘 살아 계시는 듯하구나." 또 다른 기록에는 이런 구절이 있다. "하북 지방에는 별도로 축도안(竺道安)이라는 사람이 있어 석도안과 나란히 명성을 떨쳤다. 습착치가 축도안에게 편지를 보냈다고도 한다." 석도안은 본래 스승의 성인 축

경(婆須密經)》 등을 번역했다. 관중 시기 이후의 행적은 미상이며, 입적 시기 역시 상세하지 않다.

69) 견롱(汧隴) : 현재의 산시성(陝西省) 일대를 말한다.

70) 회해(淮海) : 회(淮)는 회수(淮水), 해(海)는 동해(東海)로, 즉 동남쪽 지역을 가리킨다.

(竺)을 쓰다가 후에 석(釋)씨로 바꾸었다. 세상 사람들이 두 가지 성을 보고 두 사람이 있었다고 말하는 것은 잘못이다.

5. 동진 여산의 석혜원

석혜원(釋慧遠)은 속성이 가(賈)씨이며 안문(雁門)[71]의 누번(婁煩) 사람이다. 어릴 때부터 책을 좋아하고 인품이 뛰어났는데, 열세 살 때 외삼촌 영호(令狐)씨를 따라 허창(許昌)과 낙양(洛陽)에서 유학했다. 이 때문에 젊을 때는 유생(儒生)이 되어 육경을 널리 공부했으며, 또한 《장자》와 《노자》에도 해박했다. 도량이 크고 성품이 빼어났으므로 저명한 유학자나 젊은 인재들도 그의 깊고 치밀한 학문에 탄복하지 않을 수 없었다. 스물한 살 때 혜원은 강남[江東] 지방으로 건너가 범선자(范宣子)[72]와 함께 은둔 수행하고자 했다. 공교롭게도 그때 석호가 죽고 중원 지방에 난리가 일어나 남쪽으로 향하는 길이 막혔으므로 뜻

---

71) 안문(雁門) : 현재의 산시성(山西省) 닝우(寧武) 부근이다.

72) 범선자(范宣子) : 본래 이름은 선(宣)이며 선자(宣子)는 그의 자다. 동진 시대 진류[陳留, 현재의 허난성 카이펑시(開封市) 동북쪽] 사람이다. 젊은 시절부터 세상을 피해 은일하기를 즐겼고 널리 많은 책을 읽었다. 《삼례(三禮)》에 정통했으며 조정에서 여러 차례 불렀으나 나아가지 않았다. 동진 초기에 양자강을 건너 예장군[豫章郡, 현재의 장시성 난창시(南昌市)]으로 가 향교에서 경전을 강의하며 태수 범녕(範寧)과 함께 유학을 진흥했다. 저서로는 《예역논난(禮易論難)》이 있다.

을 이룰 수 없었다. 당시 석도안이 태항산맥에 있는 항산(恒山)에서 절을 짓고 불법을 널리 펴며 명성이 자자했기 때문에 혜원은 그에게 귀의했다. 혜원은 도안을 만나자마자 공경을 다하면서 진정한 스승이라고 여겼다. 나중에 도안이 《반야바라밀경(般若波羅蜜經)》을 강의하는 것을 듣다가 활연히 깨달음을 얻고 탄복했다. "유가 · 도가 등 아홉 가지 유파는 모두 겨와 쭉정이에 불과하다." 그는 곧바로 아우 혜지(慧持)와 함께 상투에 꽂는 비녀를 버리고 머리를 깎았으며, 목숨을 다해 불도를 닦았다. 불문에 들어와 남달리 굳은 마음으로 수행하면서 늘 가르침의 핵심을 파악하고자 했고, 불법을 널리 펴는 것을 자신의 임무로 여겼다. 그는 정밀하게 사색하면서 경전을 외웠고, 밤낮으로 부단히 노력했다. 혜원 형제는 가난한 나그네라 가진 돈도 없어서 허름한 승복조차도 없을 지경이었지만, 늘 삼가고 공경하면서 시종일관 수행을 게을리하지 않았다. 담익(曇翼)이라는 비구가 매번 혜원에게 등과 초를 살 돈을 주었는데 도안이 그 이야기를 듣고 기뻐했다. "이 승려가 진실로 사람을 알아보는구나." 혜원은 전생의 지혜에 힘입어 깨달았고 오랜 과거 생에 큰 서원을 일으켰으므로 그 정신은 신명스럽고 뛰어났으며, 근기는 멀고 심원한 곳까지 비추었다. 석도안은 늘 혜원을 칭찬했다. "동쪽 나라[중국]에 불도를 전파하는 것은 혜원에게 달려 있을 것이다." 혜원은 스물네 살 때부터 경전을 강설했다. 일찍이 어떤 손님이 강의를 듣다가 '실상(實相)'의 뜻을 물었다. 여러 시간 문답을 주고받았으나 그는 더욱 의혹을 가졌다. 이에 혜원이 《장자》에서 유사한 구절을 인용해 설명했더니 깨닫게 되었다. 그 후로 석도안은 혜원에게만 특별히 속가의 서적을 버리지 않아도 된다고 허락했다.

석도안에게는 법우(法遇)와 담휘(曇徽)라는 제자가 있었는데 모두 인품과 재주가 훤히 빛났으며 품은 뜻이 맑았고, 둘 모두 혜원을 추앙하고 따랐다. 후에 그들은 도안을 따라 남방에 있는 번성(樊城)과 면주(沔州)로 갔다. 전진(前秦) 건원(建元) 9년(373), 전진의 장군 부비(符丕)가 양양(襄陽)을 공격했는데 도안은 동진군 장군 주서(朱序)의 [양양에서 불법을 전해 달라는] 요청 때문에 다른 곳으로 피난을 갈 수가 없어 제자들을 나누어 각자 가고 싶은 곳으로 가도록 했다. 출발할 때가 되자 도안은 여러 승려에게 가르침과 언약을 주었으나 혜원에게는 한마디도 말하지 않았다. 혜원은 이에 무릎을 꿇고 말했다. "저 혼자 가르침과 격려를 받지 못했으니, [가르침을 받을 만한] 사람의 무리에 들지 못하는 것인지 두렵습니다." 이에 도안이 대답했다. "그대 같은 이가 더 근심할 것이 뭐가 있겠는가?" 그리하여 혜원은 제자 수십 명과 함께 남쪽 형주(荊州)로 가서 상명사(上明寺)에 주석했다. 나중에는 나부산(羅浮山)에 가려고 심양(潯陽)에 이르렀는데, 여산(廬山)의 봉우리가 맑고 깨끗해 충분히 마음을 쉴 만했기에 비로소 용천정사(龍泉精舍)에 주석하게 되었다. 이곳은 물이 있는 곳에서 멀리 떨어져 있었으므로 혜원은 지팡이로 땅을 두드리면서 말했다. "만약 이곳이 머물며 절을 세울 만한 곳이라면 응당 척박한 땅에서 샘물이 솟아나게 해 주소서." 말이 끝나자마자 맑은 샘물이 솟구쳐 올라 나중에는 마침내 시냇물이 되었다. 얼마 후 심양 땅에 큰 가뭄이 일어났는데, 혜원이 이 못 옆에서 《해룡왕경(海龍王經)》을 독송하니 갑자기 큰 용 한 마리가 못으로부터 하늘로 올라가더니 잠시 뒤 큰비가 내렸다. 이해에 [심양 지방에] 풍년이 들었기에 절의 이름을 용천사(龍泉寺)라고 했다. 당시 비구 혜영(慧永)이 [여산의] 서림사(西林寺)에 머무르고 있었는데, 혜원과는 도안의 문하에서 함께 배운 친한 벗이라 마침내 혜원에게 머물러 달라고 요청했다. 또 혜영은 강주자사(江州刺史) 환이(桓伊)에게 말했다. "혜원공은 지금 불도를 전파하고 있습니다. 이제 제자들이 많아졌고 또한 찾아오는 손님도 많아졌습니다. 제가 거주하는 곳은 작고 좁아 함께 머물기에는 충분하지 않습니다. [자사님의 생각은] 어떠하십니까?" [이에] 환이는 혜원을 위해 다시 여산 동쪽에 승방과 전각을 세웠으니 이것이 바로 동림사(東林寺)다.

혜원은 신비한 운치와 엄숙한 자태를 지녔으며 행동거지가 방정했다. 대개 그 문하에 참여해 혜원을 우러러보면 모두 마음과 몸이 떨리고 엄숙해졌다. 일찍이 죽여의(竹如意)[73]를 가지고 있던 어떤 비구가 혜원에게 드리려고 여산에 올라가 하룻밤 묵었으나 마침내 감히 말하지 못하고 법석의 구석진 곳에 있다가 묵묵히 떠나갔다. 또 혜의(慧義)라는 비구가 있었는데, 성품이 강직하고 거리낌없이 행동하는 승려로, 장차 여산을 찾아가고자 혜원의 제자였던 혜보(慧寶)에게 이렇게 말했다. "여러분은 평범한 재능을 가지고 있어서 혜원스님의 풍모를 바라보기만 해도 추대하고 복종하는 것입니다. 이제 내가 어떻게 하는지 한번 지켜보십시오." [혜의법사가] 여산에 이르렀을 때 마침 혜원은 《법화경》을 설법하고 있었다. [혜의법사가] 까다로운 질문을 던지려고 했으나 그때마다 심장이 두근

73) 죽여의(竹如意) : 설법할 때 쓰는 대나무 지팡이다.

거리고 식은땀이 흘러 감히 물을 수가 없었다. 강당에서 물러나와 혜보에게 말했다. "혜원대사의 선정력은 놀라웠습니다." 혜원이 사람들을 복종시키고 대중을 뒤덮는 힘은 이와 같았다. 은중감(殷仲堪)[74]이 형주로 가는 길에 여산에 들러 혜원에게 인사하고 북쪽 계곡에서 《주역》의 본뜻에 대해 토론했는데, 해질 무렵이 되어도 [혜원은] 조금도 피곤해하지 않았다. 혜원을 만난 후 은중감은 감탄했다. "지식과 신앙이 깊고 밝으니 진실로 그분처럼 되기는 어렵다." 사도(司徒) 왕밀(王謐)과 호군(護軍) 왕묵(王默) 등은 모두 혜원의 풍모와 덕망을 흠모해 먼 곳에서 찾아와 스승으로 대하는 예를 올렸다. 왕밀은 혜원에게 보낸 편지에 "[저는] 나이가 겨우 40인데도 노쇠하기는 60대와 같습니다"라고 했다. 이에 혜원은 답장을 보냈다. "옛사람들은 한 자의 벽옥 보배는 사랑하지 않았지만 한 치의 시간은 소중하게 여겼습니다. [옛사람들이] 남긴 뜻이 불로장

---

74) 은중감(殷仲堪) : ?~399. 진군(陳郡) 사람이다. 일찍이 저작랑(著作郎)·진능태수(晉陵太守)·황문시랑(黃門侍郎) 등을 역임했다. 효무제(孝武帝) 때 형주자사로 임명되었으며, 왕공(王恭)과 함께 회계왕 사마도자(司馬道子)를 견제했다. 왕공이 회계왕에게 패배해 죽자 환현(桓玄)·양전기(楊佺期) 등과 동맹을 맺었으나 나중에 환현과 틈이 생겨 전쟁을 했다가 패해 죽었다.

생에 있는 것 같지는 않습니다. 시주께서 진리에 따라 본성대로 살고, 부처님의 이치로 마음을 다스린다면 옛사람이 말한 이치로 미루어 볼 때 오래 사는 일을 어찌 부러워하겠습니까? 생각하건대 이러한 이치는 이미 얻은 지 오래되셨을 터이나 [보내 주신 정성에] 보답하고자 답장을 보내는 것입니다." 노순(盧循)[75]이 처음 강주성(江州城)을 점거하면서 여산에 들러 혜원을 만났다. 혜원은 젊은 시절 노순의 아버지 노하(盧嘏)와 함께 서생 노릇을 했으므로 노순을 만나자 기뻐하면서 옛 이야기를 나누고, 아침저녁으로 소식을 전했다. 어떤 승려가 혜원에게 충고했다. "노순은 나라의 역적이니 그와 친하게 교제하면 의심을 받지 않겠습니까?" 혜원이 말했다. "우리 불법에는 감정으로 취하거나 버리는 것이 없으니 이것을 아는 사람이라면 어찌 살피는 바가 없겠는가? 이 일은 두려워할 것이 없네." 후에 [송무제(宋武帝)] 유유(劉裕)가 노순을 추격하

---

75) 노순(盧循) : 유명한 도교 반란군 장군이었던 손은(孫恩)의 매부다. 손은이 동진에 대한 반란에 실패하고 죽자 남은 부대를 통솔했다. 동진에서 영가태수(永嘉太守) · 광주자사(廣州刺史) 등의 벼슬을 받기도 했다. 410년, 훗날 송나라 무제가 되는 유유(劉裕)가 북방 정벌에 나선 틈을 타 예장을 점령하고 수도인 건강(建康)을 위협했다. 그러나 결국 패하고 411년 교주(交州)로 쫓겨나 무리 수백 명과 더불어 물에 빠져 자살했다.

다가 상미(桑尾)에 주둔했다. 측근의 부하들이 말했다. "혜원공은 평소 여산의 주인 노릇을 하면서 노순과 교제가 두터웠습니다." 유유가 말했다. "혜원공은 세속 바깥에 계신 분이니 반드시 이 편이다, 저 편이다 하는 생각이 없을 것이다." 이어서 사신에게 친서를 가지고 가서 인사하도록 했으며 아울러 돈과 쌀을 보냈다. 이리하여 멀고 가까운 곳에 있는 사람들은 모두 혜원의 밝은 견해에 탄복했다.

처음으로 불교 경전이 강남 지방에 전래되었을 때는 갖추지 못한 경전이 많았다. 선법(禪法)에 관한 경전은 들어 보지 못했으며 율장에 관한 경전도 빠진 부분이 있었다. 혜원은 경전이 결여된 것을 개탄하면서 제자 법정(法淨)·법령(法嶺) 등을 멀리 보내 여러 경전을 구해 오게 했다. 제자들은 사막과 설산을 넘어 오랜 세월이 지나서야 돌아왔는데 모두 범어 경전을 구했으므로 번역해 전할 수 있었다. 옛날 도안법사가 관중 지방에 있을 때, 담마난제를 초청해 《아비담심론(阿毘曇心論)》을 번역하게 했는데, 담마난제는 중국어에 능숙하지 않았으므로 [그가 번역한 글들은] 의문스럽고 막히는 구절이 많았다. 그 후 계빈국의 승려 승가제바라는 이가 여러 경전을 잘 알고 있었는데, 동진(東晋) 태원(太元) 16년(391)에 심양(潯陽)에 이르렀다. 혜원은 그에게 부탁해《아비담심론》과《삼법도론(三法度論)》을 새로 번역하게 했다. 그리하여 두 학문이 흥성하게 되었으며, 아울러 [혜원이] 몸소 이 두 경전의 서문을 지어 경전의 종지를 표방하고 이를 학자들에게 남겼다. 그는 부지런히 수행하고 널리 불법을 펴는 일에 힘썼으며, 서역에서 오는 손님을 만날 때마다 늘 간절하고 정성스럽게 자문하고 가르침을 받았다. 혜원은 구마라습이 관중 지방에 왔다는 말을 듣고 곧바로 친교를 맺자는 편지를 보냈는데 다음과 같은 내용이었다. "석혜원이 머리 숙여 인사드립니다. 작년에 요숭(姚嵩)[76] 좌장군(左將軍)의 편지를 받고 대덕(大德)의 소식을 알게 되었습니다. 대사께서 예전에는 멀리 다른 나라에 계시다가 국경을 넘어오셨습니다. 그때 소식을 교환하지는 못했지만 대사의 기풍에 대해 듣고 기뻤습니다. 그러나 세상이 어지럽고 혼란해 [만날 수 있는] 기회가 어그러짐을 탄식했습니다. 마침내 막힌 바를 소통할 기회가 있다는 것을 알게 되었으며, 불법 보장(寶藏)을 품고 오셨음을 알고 머물고 계신 곳으

---

76) 요숭(姚嵩) : 후진(後秦) 황제 요흥의 동생이자 장군이며, 전쟁터에서 많은 공훈을 세웠다. 나중에 대사마(大司馬)와 제공(齊公)의 작위를 받았으나 이때는 좌장군이었다.

로 달려가 묻고자 하는 마음이 하루에도 아홉 번이나 치달립니다. [그러나] 단지 마음으로 대사의 덕을 기뻐할 뿐이고 제 마음을 다 전할 수 없기에, 계신 곳을 바라만 보고 있자니 진실로 서 있는 다리만 피곤합니다. 대사께서 불법을 전할 때마다 사방에서 모여든다는 말을 듣고 매우 기뻤습니다. 비록 멀리서 종소리를 울릴 뿐이지만 뜻은 예전과 같습니다. 진실로 문하에서 직접 배울 수는 없었으나 부처님께서 남기신 신령스런 가르침을 사무치게 느꼈습니다. 마음을 비우고 겸허하게 해 남기신 가르침을 하루라도 마음으로 생각하지 않은 적이 없습니다. 전단나무를 옮겨 심으면 다른 나무들에도 전단 향기가 배는 법이고, 마니주(摩尼珠)가 내는 빛은 다른 구슬마저 스스로 광채를 내는 것처럼 보이게 합니다. 이것은 마치 빈손으로 갔다가 물건을 가득 채워 돌아오는 것과 같습니다. 하물며 진리의 근본에는 본래 하나의 형상도 없으니, 세속의 범정으로 통할 수 있겠습니까? 이러한 까닭에 대법을 짊어진 사람은 반드시 보답을 바라는 마음을 가져서는 안 됩니다. 벗을 만남에 인자함으로 하는 이는 공이 있다 해도 자신의 공으로 삼지 않습니다. 만약 법의 바퀴가 팔정도(八正道)에서 끊임없이 구르게 하고, 삼보의 소리가 끝없이 이어지게 한다면 시대를 뛰어넘어 [설법(說法) 제일이라는] 만원(滿願)만 훌륭하지 않을 것이며, 어찌 용수(龍樹)[77]의 옛 자취만 홀로 뛰어나다고 하겠습니까? 이제 재단한 옷을 보내니 바라건대 법좌에 오르실 때 입어 주시기 바랍니다. 아울러 물을 거르는 그릇은 스님의 법물(法物)입니다. 이것으로써 제 마음을 표시할까 합니다." 구마라습의 답장은 이러하다. "구마라습이 합장하며 아룁니다. 일찍이 얼굴을 맞대고 이야기한 적이 없으며, 또한 쓰는 말이 서로 달라 마음을 전할 길이 없기에 스님의 뜻을 얻을 인연이 끊어졌습니다. 역마가 전한 소식으로 풍문과 덕망을 대강 듣고 있습니다. 요즘은 어떻게 지내시는지요? 한 가지 소식을 들으면 온갖 소식을 짐작할 수 있습니다. 경전의 말씀에 말세에는 동방에서 호법보살이 나타날 것이라고 했으니, 현인이시여, 불법을 널리 펼치도록 노력하십시오. 대개 [보살의] 재물에는 다섯 가지를 갖추어야 하는데, 복 · 계율 · 박문(博聞) · 변재(辯才) · 심지(深智) 등이니 이러한 재능을 겸비한 자는 도업이 융성할 것

77) 용수(龍樹) : 인도 대승불교 시기 중관학파의 창시자로 청년 시절에는 유명한 브라만교 학자였으나 불교에 귀의한 후 대승불교를 크게 전파하는 대논사가 되었다. 《중론(中論)》·《십이문론(十二門論)》·《대지도론(大智度論)》·《십주비바사론(十住毘婆娑論)》 등의 저술이 전한다.

이며, 갖추지 못한 자는 의혹과 막힘이 있을 것입니다. 현자께서는 그것을 모두 갖추고 있으므로 마음을 전하고자 중국어로 번역해 뜻을 전달했지만 어찌 저의 마음을 다 드러낼 수 있겠습니까? 그저 보내 주신 편지에 소략하게 보답할 뿐입니다. 재단해 보내 주신 법의는 법좌에 오를 때 입고자 합니다. [이것이] 보내 주신 뜻에 부합하는 것이나 입는 저 자신이 가사와 어울리지 않으니 부끄러울 따름입니다. 이제 늘 사용하던 유석쌍구조관(鍮石雙口澡灌)[78]을 보내드리니 법물(法物)에 보태어 쓰십시오. 아울러 게송을 보냅니다.

이미 속세의 즐거움을 버렸으니,
마음을 잘 거두지 않겠는가?
만약 마음이 산란해 흐트러지지 않는다면
실상(實相)에 깊이 들어가지 않겠는가?
마침내 공상(空相) 속에 있으면
그 마음 즐거울 것이 없네.
만약 선지혜(禪智慧) 즐긴다면

---

78) 유석쌍구조관(鍮石雙口澡灌) : 고대 인도의 승려들은 정병(淨甁)이라 해서 손과 얼굴을 씻을 물을 담는 병을 반드시 가지고 다녔다. 유석쌍구조관은 주둥이가 둘이 있는 정병의 일종인 듯하다.

이 법성(法性)은 비출 것이 없다네.
일체 허황해서 실상이 없으니
또한 마음이 머물 곳이 아니구나.
어진 이가 얻은 법을
바라건대 그 요지를 보여 주시길.

혜원은 다시 구마라습에게 답장을 보냈다. "날씨가 서늘해졌는데 요즘은 어떻게 지내시는지요? 지난달에 법식(法識)스님이 오셨는데, 스님이 본국으로 돌아가고자 한다는 말을 들으니 매우 아쉽습니다. 앞서 듣건대 스님께서 이제 여러 경전들을 역출(譯出)한다 해서 오시면 여러 자문을 구하고자 했더니, 법식스님이 전한 말이 거짓이 아니라면 유감스러운 마음을 말로 다 하겠습니까? 이제 대략 수십 가지 사항을 묻고자 하니 한가하실 때 한두 가지라도 해석해 주시기를 바랍니다. 이 사항들은 비록 경전 가운데 큰 의문은 아니지만 스님께서 해결해 주시기를 기대합니다. 아울러 다음의 게송을 답신으로 보냅니다."

근본과 끝은 도대체 어디에서 왔는가?
일어나고 사라지는 유무의 사이에 있는 것인가?
조금이라도 흔들리면

산이 무너지듯 감당하기 어렵네.
미혹과 생각이 번갈아 일어난다면
부딪치는 이치마다 스스로 막히리.
인연은 비록 주체가 없다고 하지만
열려 있는 길은 현세만이 아니라네.
때마침 깨우친 큰 스승이 없다면
누가 장차 현묘한 진리를 얻을 수 있으리오?
묻고 싶은 것은 아직 아득하게 많지만
여생에 서로 만나기를 기약하네.

나중에 불야다라(弗若多羅)[79]라는 승려가 관중 지방으로 와서 범어본 《십송률》을 외웠고 구마라습이 그것을 한문으로 번역했는데, 진도가 3분의 2 정도 나갔을 때 불야다라가 세상을 떠났다. 혜원은 번역이 중단된 것을 늘 애석하게 여겼다. 나중에 담마류지(曇摩流支)[80]라는 승

---

79) 불야다라(弗若多羅) : 생졸 미상. 중국어로는 공덕화(功德華)라는 뜻이며, 계빈국 출신의 승려로 경 · 율 · 론 삼장과 《십송률》에 정통했다. 전진(前秦)의 홍시(弘始, 399~416) 연간에 관중 지방에 이르렀고, 홍시 6년(404) 10월 장안의 중사(中寺)에서 《십송률》을 외웠다.

80) 담마류지(曇摩流支) : 중국어로는 '법락(法樂)'으로 번역하는데, 서역 승려로 405년에 중국으로 왔다. 율학에 뛰어났으며 혜원의 요청으로 《십송

려가 중국에 왔는데 이 승려가 《십송률》을 다 외울 수 있다는 말을 듣고, 제자 담옹(曇邕)을 보내 편지를 전하면서 나머지 부분을 관중 지방에서 번역해 달라고 간절히 요청했다. 이리하여 《십송률》 역본이 완전무결하게 갖추어졌고 동진에도 이 번역본이 입수되어 오늘날까지 전하고 있다. 총령 바깥의 불교 경전과 관중 지방의 뛰어난 번역문이 동진 땅에 모일 수 있었던 것은 혜원의 힘이다. 외국 승려들이 [중국에 오면] 중국에 대승보살이 있다고 말하며 향을 피우고 절을 올렸는데, 항상 동쪽으로 머리를 숙이고 여산을 향해 경건히 절을 올렸다고 한다. 혜원의 신령한 자취가 이러해서 아무도 헤아릴 수 없었다. 이보다 앞서 중국 땅에는 열반이 늘 존재한다는 학설이 없었고, 다만 [열반의] 수명이 길다고 말할 뿐이었다. 이에 혜원은 탄식하며 말했다. "불성이란 지극한 것이며, 지극한 것은 변하지 않는다. 변하지 않는 진리가 어찌 끝이 있겠는가?" 이리하여 《법성론(法性論)》을 지어 말했다. "지극한 것은 변하지 않음을 그 성품으로 삼으며, 이 불변의 본성을 얻으려면 궁극의 실상을 깨닫는 것으로 종지를 삼아야 한다." 구마라습은 《법성론》을 보고 탄복했다. "중국인에게는 대

률》을 외워 구마라습이 역경을 완성하게 했다.

승 경전이 없는데도 [혜원의 견해는] 은근히 진리와 부합하니, 신묘하지 않은가?"

후진(後秦) 황제 요흥(姚興)은 혜원의 덕과 풍모를 흠모하고, 혜원의 재주와 사상에 탄복해 정성스럽게 편지를 보냈다. 편지와 음식을 계속 보내고 구자국의 가는 비단실로 짠 변상도(變相圖)를 선물로 보내 정성을 나타냈으며, 아울러 동생 요숭을 통해 보배로 만든 불상을 전했다. 《석론(釋論)》[81]이 새로 번역되자 요흥은 그것과 함께 편지를 보냈다. "《대지도론》이 새로 번역되어 나왔습니다. 이 경전은 용수보살이 지은 것으로 방등경전의 핵심이니 응당 서문 한 편을 지어 작자의 뜻을 펼쳐야 할 것입니다. 그러나 이곳의 여러 승려는 모두 다른 사람을 추천하고 사양하면서 감히 지을 수 없다고 합니다. 법사께서 서문을 지어 후세 학자들에게 남겨 주십시오." 혜원은 답장을 보냈다. "[저에게] 《대지도론》의 서문을 지어 용수보살의 뜻을 펴게 하셨습니다. 제가 듣기로는 큰 물건을 가지고 있으면 작은 주머니로는 담지 못하고, 짧은 두레박줄로는 깊

81) 《석론(釋論)》: 《대지도론(大智度論)》을 말하는 것으로, 100권으로 이루어져 있으며 용수보살 사상을 이해하고 불교사를 연구하기 위한 필독서다. 사실상 《대반야경(大般若經)》의 주석본이다.

은 물을 잴 수가 없다고 했습니다. 《대지도론》을 펴 본 날 폐하의 명에 부응하지 못함을 부끄럽게 여겼습니다. 또한 몸에 병이 많고 일 때문에 책 읽기를 자주 중단하니, 다시 읽을 때 이전 내용을 잊지 못해 시간도 많이 걸렸습니다. 알려 주신 인연의 무거움을 생각해 거칠게나마 품고 있던 생각을 엮었습니다. 더 정밀한 부분에 대해서는 응당 다시 여러 덕망 높은 대덕을 기다려야 할 것입니다." 혜원의 높은 명망이 진실로 이와 같았다. 혜원은 항상《대지도론》의 문장은 번잡하고 광범위해 처음 공부하는 학자가 핵심을 찾기 어렵다고 했다. 이에 중요한 문장을 베껴 20권으로 엮었으며, 뜻이 깊고 아름다운 서문을 지었으므로 학자들로 하여금 절반의 노력을 덜게 했다.

후에 환현(桓玄)[82]이 은중감(殷仲堪)을 정벌하고자 여

82) 환현(桓玄) : 369~404. 동진(東晉)의 권세가로 황제가 되려는 야심을 가지고 있었던 환온(桓溫)의 서자였다. 초국(譙國) 용항(龍亢) 사람으로 남군공(南郡公)을 세습하고 태자세마(太子洗馬) 벼슬을 지냈다. 부친 환온에 대해 역적의 시비가 있자 관직을 버리고 강릉에 은거하다가 398년 광주자사(廣州刺史)가 되었고, 399년 은중감 · 양전기(楊佺期) 등을 죽이고 형주(荊州) 지방을 점령했다. 402년 건강(建康)에 들어와 승상 겸 녹상서사(錄尙書事)가 되고, 403년에는 안제(安帝)를 폐위하고 초왕(楚王)이 되었으나 404년에 유유(劉裕)의 군대에 패

산을 지나면서 혜원에게 호계(虎溪) 밖으로 나와 만나 달라고 했으나 혜원은 병을 핑계로 나갈 수 없다고 했다. 환현은 스스로 여산에 들어갔다. 측근의 부하들이 말했다. "옛날 은중감이 여산에 들어가 혜원에게 절을 했다고 하는데 공께서는 그에게 절하지 마십시오." 환현이 "어찌 그러한 이치가 있겠는가? 은중감은 원래 죽을 녀석이네"라고 대답했으나 혜원을 보자 자신도 모르게 절을 했다. 환현이 물었다. "[유가의 예의로는] 신체를 감히 훼손하지 않는데, 무엇 때문에 머리를 깎았습니까?" 혜원이 "몸을 바르게 세우고 불도를 행하려는 것입니다"라고 말하자 환현은 대답이 훌륭하다고 말하며 마음속으로 가지고 있던 논란거리를 감히 더 제기하지 못했다. 이어서 환현은 은중감을 토벌할 뜻을 개진했으나 혜원은 아무런 대답도 하지 않았다. 환현이 "어떻게 하기를 바라십니까?"라고 다시 물었다. 혜원은 "시주께서도 편안했으면 하고, 그 역시도 다른 일이 없었으면 합니다"라고 대답했다. 환현은 산에서 내려와 부하들에게 "참으로 평생 본 적이 없는 인물이다"라고 했다. 나중에 그는 천자도 두려워할 만큼 권력을 전횡하면서 혜원을 초빙하는 편지를 보내 벼슬에 오르기를

배하고 피살되었다.

적극 권했다. 혜원은 단호히 사양하고 조금도 마음을 움직이지 않았다. 그의 뜻은 단석(丹石)보다 굳어 끝내 되돌릴 수 없었다. 얼마 후 환현은 뭇 승려들을 정리하기 위해 부하에게 명령했다. "승려 가운데 능히 경전을 설명할 수 있고, 경전의 의리(義理)를 천명할 수 있거나 혹은 계율을 지키는 자들은 교화를 펼치기에 충분하다. [그러나] 이러한 것을 어기는 자는 모두 승려를 그만두고 환속하게 하라. 오직 여산은 큰 도덕을 갖춘 승려가 머무는 곳이니 수사하고 정리하는 범위에 넣지 않는다." 혜원은 환현에게 보낸 편지에 이렇게 썼다. "부처님의 가르침이 쇠퇴하면서 추악한 무리가 뒤섞인 지 오래되었습니다. 매번 추악한 자를 찾아낼 때면 분개하는 마음이 가슴에 가득했습니다. 운이 뜻과 같지 않아 부처님의 가르침이 침몰할 것이늘 두려웠습니다. 맑고 깨끗한 여러 스님들의 가르침을 살펴보면 진실로 그들의 본심과 상응합니다. 대개 경수(涇水)에서 위수(渭水)를 분리하면 깨끗한 것과 혼탁한 것의 형세가 분명해질 것입니다. 굽은 것을 곧은 것으로써 바로잡으면 어질지 못한 무리는 저절로 멀어질 것입니다. 이번 명령이 시행되면 반드시 하나의 이치를 얻을 것입니다. 그러한 후에 거짓으로 꾸미는 자들은 거짓으로 통하는 길이 끊어질 것입니다. 곧은 마음을 가진 자들은 세속의 기대를 저버린다는 혐의가 없어질 것입니다. 불도와 세상이 번갈아 흥성하며 삼보가 다시 융성할 것입니다." 이리하여 혜원이 승단의 조례와 제도를 널리 확립하자 환현은 혜원의 의견을 따랐다.

예전에 동진 성제(成帝)[83]가 어렸을 때, 유빙(庾氷)[84]이 황제를 보좌하면서 비구들은 응당 군왕에게 예의를 표해야 한다고 여겼다. 상서령(尙書令) 하충(何充)과 복야(僕射) 저욱(褚昱)·제갈회(諸葛恢) 등이 상소를 올려 비구들은 군왕에게 예의를 표할 필요가 없다고 했다. 관리들의 의론은 모두 하충의 주장과 같았는데, 유빙의 문하생들이 유빙의 뜻을 받들어 그 주장을 반박하자 찬성과 반대

---

83) 성제(成帝) : 321~342. 동진 명제(明帝)의 맏아들이며 이름은 사마연(司馬衍)이다. 즉위했을 때 겨우 다섯 살이었으므로, 태후가 수렴청정을 하고 외척인 유량(庾亮)과 유빙(庾氷) 형제가 오랫동안 보좌했다.

84) 유빙(庾氷) : 298~344. 유량(庾亮)의 동생이며 영천(潁川)의 언릉(鄢陵) 사람이다. 비서랑(秘書郎)·오국내사(吳國內史)·진위장군(振威將軍)·양주자사(揚州刺史) 등을 역임했다. 399년 왕도(王導)가 죽자 유량이 정치 일선에서 물러나 유빙과 하충(何充)이 황제를 보좌하게 되었다. 청렴할 뿐만 아니라 정치에도 힘써 현명한 재상이라는 명성을 얻었다.

의견이 분분히 일어나 끝내 결정할 수 없었다. 이어서 환현이 고숙성(姑熟城)에 있을 때, 모든 비구들이 [군왕에게] 예의를 갖추게 하려고 혜원에게 보낸 편지에서 이렇게 말했다. "승려가 군왕에게 예의를 갖출 필요가 없다는 주장은 인정으로도 이해할 수 없으며, 이치로도 설명할 수 없는 것입니다. [이는] 한 시대의 큰일이니 그 사리를 바르게 하지 않으면 안 됩니다. 근래 조정의 여덟 대신에게 편지를 보내고 이제 대사께도 드리니, 대사는 군왕에게 예의를 갖추지 않아도 되는 이유를 서술해 주십시오. 마땅히 시행해야 할 이유를 하나둘 모두 상세히 생각해서 밝힌다면 모두들 의문스러워하는 바를 반드시 풀 수 있을 것입니다." 혜원은 답신했다. "무릇 승려라고 부르는 자들은 어떤 사람입니까? 세속의 무지몽매한 이들을 일깨우고 진리의 길을 열어 보이며, 물아(物我)를 함께 잊어버리는 진리로써 천하 사람들과 함께 나아가도록 하는 것입니다. 높은 경지를 지향하는 사람에게는 부처님의 유풍(遺風)을 장려하고, 자신을 갈고 닦는 것을 좋아하는 자들에게는 그 남은 진리를 맛보게 하는 것입니다. 그러면 비록 커다란 업적을 성취하지는 못해도 그 뛰어난 자취를 살펴보는 것만으로도 깨닫는 바가 진실로 넓을 것입니다. 또한 가사는 조정이나 종묘에서 입는 옷이 아니며, 발우는 조정에서 사용하는 그릇이 아닙니다. 승려는 세속 밖에 있는 사람이니 응당 군왕에게 예의를 표할 필요가 없습니다." 환현은 비록 예전의 뜻을 고집하면서 출가인인 혜원의 뜻을 좇는 것을 부끄럽게 여겼으나, 혜원의 거절하는 편지를 보고는 주저하며 결정을 내리지 못했다. 얼마 후에 환현이 제위를 빼앗고 황제가 되자 다음과 같은 조서를 내렸다. "불법은 넓고 크므로 세속에서 헤아릴 수 있는 바가 아니다. 군주를 받드는 정으로 미루어 볼 때 그들로 하여금 예경(禮敬)을 하게 하려고 했다. 이제 이 일이 나에게 달려 있으니 응당 스스로를 낮추어 겸양을 다할 것이다. 모든 승려는 군주에게 예의를 표하지 않아도 된다." 이에 혜원은 〈사문불경왕자론(沙門不敬王者論)〉이란 글을 지었는데 다섯 편으로 이루어져 있다. 첫째는 '재가(在家)'다. 집에서 불법을 받드는 사람은 임금의 교화를 받는 백성으로, 세속의 마음이 변하지 않았으며 그들의 행적은 세속과 똑같다. 이러한 까닭에 천륜의 정을 갖고 군주를 받드는 예절이 있어야 하며, 예경에는 근본이 있는 까닭에 마침내 이로 인해 교화가 된다. 둘째는 '출가(出家)'다. 출가자란 능히 세상을 등지고 그 뜻을 구하며, 세속의 습속을 바꾸어 그 도를 이루려고 하는 사람을 말한다. 습속을 바꾼다는 것은 의복에서 세속과 같은 예의를 취하지 않는 것이며, 세상을 등진다는 것은 그 행동을 고상하게 함이다. 큰 덕이 있는 까닭에 세속에 빠져 있는 중생을 능히 구제할 수 있고, 여러 가지 겁난에서 대도의 근본을 구하려는 것이다. 멀리로는 삼승(三乘)의 나루와 통하고, 가까이로는 사람과 하늘의 길을 열어 주는 것이다. 만약 한 사람이 온전한 덕을 가지면 그 도는 육친(六親)에게 미칠 것이며, 나아가 천하가 은택을 입을 것이다. 비록 임금과 제후의 지위에 있지는 않으나 진실로 이미 황극(皇極)과 부합하고, 백성들도 너그럽게 다스려진다. 이러한 까닭에 세속에서는 천륜의 무거운 도리에 어긋나지만, 효도의 도리에는 어긋나지 않는 것이다. 가족 밖에서 말한다면 군왕을 모시는 공손함이 결여된 것 같으나 군왕을 공경하는 예의를 잃어버리지 않은 것이다. 셋째는 '구종불순화(求宗不順化)'다. 근원으로 돌아가 진리를 구하는 자는 그 정신이 육신에 얽매이지 않으며, 세속을 초월한 사람은 감정에 육신이 얽매이지 않는 것이다. 감정에 육신이 얽매이지 않으면 그 육신은 소멸하고, 육신으로써 정신을 얽어매지 않으면 그 정신은 신명해질 것이다. 신명해지면 세속의 경계가 끊어지기 때문에 그것을 열반이라고 부른다. 그러한 까닭에 사문은 비록 만승(萬乘) 천자에 대한 예절을 거절하지만 예경하는 일을 높이며, 임금과 제후의 작위는 없으나 군왕의 혜택을 받는 것이다. 넷째는 '체극불겸응(體極不兼應)'이다. 비록 부처와 주공(周公), 공자는 시작과 눈앞의 목표가 다르다고 하나 서로 은근히 영향을 미치는 것이다. 출발점이 모두 다르지만 최종적으로 [세상을 제도하려는] 도달점은 같다. 그러한 까닭에 비록 길은 다르지만 귀착하는 곳은 한 가지다. '불겸응(不兼應)'이란 하나의 사물이 두 가지 성격을 동시에 받아들일 수 없다는 뜻이다. 다섯째는 '형진신불멸(形盡神不滅)'이다. 사람의 업식과 정신이 제멋대로 치달리게 되면 그에 따라 동쪽, 서쪽으로 흩어진다는 것이다. 이것이 〈사문불경왕자론〉의 대략적인 의미다. 이로부터 승려들은 출가인의 형식을 온전히 보존할 수 있었다.

환현이 서쪽으로 달아나자 진(晉) 안제(安帝)[85]는 강릉에서 수도인 건강으로 돌아왔다. 보국장군(輔國將軍) 하무기(何無忌)[86]가 혜원에게 황제를 알현하도록 권했으

---

85) 안제(安帝) : 382~418. 동진 황제로 효무제(孝武帝)의 맏아들이다. 당시 조정의 권력을 좌지우지하던 태부(太傅) 사마도자 부자가 건강(建康)에 침입한 환현에게 죽고 나서 폐위되었다. 유유가 환현을 물리친 뒤 복위했으나, 후에 세력이 커진 유유에게 피살되었다.

86) 하무기(何無忌) : 본래 유뇌지(劉牢之)의 부하였으나 환현이 유뇌

나 그는 병을 핑계로 가지 않았다. 동진 안제는 사신을 보내 병문안을 하도록 했다. 혜원은 편지를 써서 이렇게 말했다. "석혜원이 머리 숙여 인사드립니다. 양월(陽月)[87]이라 날씨가 따뜻하니 폐하께서 음식도 잘 드시고 건강하시기를 기원합니다. 빈도는 예전에 위중한 병에 걸렸는데, 나이가 들면서 더욱 심해졌습니다. 외람되게 자비로운 조서를 내리시어 곡진히 위로해 주시니 두려움이 실로 마음에서 백배나 깊어졌습니다. 다행스럽게도 경사로운 만남의 기회를 갖게 되었으나 몸이 움직일 수 없으니 이 한탄스런 느낌을 진실로 비유할 수 없습니다." 회답하는 조서에서 말했다. "봄에 느끼는 감회를 알고 있습니다. 병으로 몸이 좋지 않다고 하시니 걱정이 됩니다. 지난달 강릉을 출발하여 돌아오는 길에 여러 나쁜 상황들이 발생해 평소보다 두 배나 늦어졌습니다. 본래는 지나가는 길에 만나고자 했습니다만 법사께서 평소 산속에 계시고, 또한 병이 낫지 않았다고 하시니 다시 만날 인연이 요원해 한탄

지를 죽이고 마침내 제위를 찬탈하자 유유 등과 거병해 환현을 제거했다. 그를 추격할 때 여산을 지나간 적이 있다. 나중에 반란군 수령인 노순(盧循)에게 피살되었다.

87) 양월(陽月) : 본래 음력 10월이지만, 편지를 주고받은 시점으로 보아 봄으로 보인다.

스러운 마음만 더할 뿐입니다."

진군(陳郡)의 사령운(謝靈運)[88]은 자신의 재주를 믿고 세속을 오만하게 보았는데, 자신이 추앙하는 사람은 적었지만 혜원을 만난 뒤 숙연해져 그에게 심복했다. 혜원은 안으로는 불교의 이치에 정통하고 밖으로는 여러 서적에 대해 잘 알았으므로 그에게 배우려는 무리는 그의 가르침을 따르고 모방하지 않음이 없었다. 그가 《상복경(喪服經)》[89]을 강의할 때 뇌차종(雷次宗)과 종병(宗炳) 등은 모두 책을 손에 들고 강의를 들었다. 나중에 뇌차종이 《상복경의소(喪服經義疏)》라는 해석서를 내고 책머리에 자기 성명을 기록하자, 종병은 그에게 편지를 보내 조롱했다. "예전에 그대와 함께 혜원법사께 직접 강의를 들었거늘, 이제 책머리에 뇌씨라는 제목을 붙이는가?" 혜원은 승려

---

88) 사령운(謝靈運) : 385~433. 명문 집안의 후손으로 자부심이 강하고 문학에 재능이 출중했다. 영가(永嘉) 태수 등을 지냈으나 조정의 중용을 받지 못하고 제멋대로 행동하는 일이 많아 주위 사람들이 탄핵하는 상소를 자주 올렸다. 마침내 반란 혐의로 탄핵받아 처음에 유배가 결정되었으나 그의 사주를 받은 사람들이 먼저 체포되면서 결국 역모죄로 처형되었다.

89) 《상복경(喪服經)》: 《예기(禮記)》 〈상복대기(喪服大記)〉 편을 말한다.

와 속세의 제자들을 두루 교화했는데 이와 같은 사례는 한 두 가지가 아니었다.

혜원은 여산 언덕에 30여 년을 머물면서 한 번도 산을 벗어나지 않았으며 세속에 발을 들여놓지 않았다. 매번 손님을 전송하는 발걸음도 늘 호계(虎溪)까지를 경계로 삼았다. 동진 의희(義熙) 12년(416), 8월 초에 거동이 흐트러지더니 엿새가 되자 병이 위독해졌다. 덕 있는 원로들이 모두 머리를 조아리며 약술을 드시기를 권했으나 허락하지 않았다. 또한 쌀즙을 드시기를 청해도 허락하지 않았으므로 다시 꿀과 물을 탄 음료를 드시기를 청했다. 이에 율사(律師)에게 명해 경전을 찾아보고 마셔도 되는지 조사하게 했는데, 경전을 절반도 찾기 전에 세상을 떠났으니 춘추 83세였다. 제자들이 통곡하며 애통해하는 모습은 마치 자기 부모가 돌아가신 것 같았으며, 승려와 세속의 명사들이 앞다투어 달려왔고 문상하는 수레와 사람들이 줄을 이었다. 혜원은 [제자들이] 세속의 정을 버리기 어려움을 짐작해 거상 기간을 7일로 정하고 시신을 소나무 아래에 두라고 유언했다. 7일이 지나 제자들이 시신을 거두어 안장했다. 심양(潯陽) 태수 완보(阮保)가 여산 서쪽 고개에 묘혈(墓穴)을 파고, 사령운이 비문을 지어 그의 덕을 기록했으며, 남양(南陽)의 종병(宗炳)도 절문 앞에 비를 세웠다. 원래 혜원은 글짓기에 뛰어나고 문장이 청아했으며, 좌석에서 설법하면 그 뜻이 간단명료했다. 게다가 용모와 행동이 단정하고 풍채가 시원스러웠기 때문에 [사람들이] 그의 그림을 그려 경내에 두니, 멀리 있거나 가까이 있거나 상관없이 모든 사람이 우러러보았다. 저술로는 논(論) · 서(序) · 명(銘) · 찬(贊) · 시(詩) · 서(書) 등 각종 문체를 모은 10권이 있는데, 문장이 총 50여 편이 되며 세상 사람들이 소중하게 여겼다.

6. 동진 업중의 축불도징

축불도징(竺佛圖澄)은 서역 사람으로 본래 성은 백(帛)씨였다. 어린 나이에 출가해 세속에 물들지 않고 열심히 공부해 수백만 자의 경전을 외웠으며, 그 의미도 잘 이해했다. 그는 비록 중국의 유가 경전과 역사책을 읽은 적이 없었지만 여러 선비들과 논쟁할 때, 의심나고 막히는 구절을 부절이 맞듯 훤히 알고 있었으므로 아무도 그를 굴복시킬 수 없었다. 그는 스스로 "계빈국(罽賓國)에 두 번 가서 이름난 스승에게 배워, 서역에서는 모두 [내가] 도를 깨달았다고 칭송한다"고 말했다. 진(晉) 회제(懷帝) 영가(永嘉) 4년(310)에 낙양(洛陽)으로 와서 불도를 널리 전하고자 했다. 신령스런 주문을 잘 외우고 능히 귀신을 부릴 수 있었으며, 참기름을 연지에 섞어 손바닥 위에 바르면 천 리 밖의 일도 마치 직접 마주한 듯이 모두 손바닥 위에서 환히 볼 수 있었고, 깨끗한 계율을 지키는 사람이라면 역시 함께 볼 수 있게 했다. 또한 방울 소리를 듣고 일에 대해 언급하면 예언이 맞지 않는 일이 없었다. 그가 낙양에 절을 세우려고 했는데 때마침 유요(劉曜)[90]의 군대가 침범해 수도가 혼란에 빠졌으므로 결국 서원을 이룰 수 없었다. 이에 초야에 몸을 숨기고 사태의 변화를 살폈다.

당시 석륵(石勒)[91]은 갈피(葛陂)에 군대를 주둔시키고 있었는데, 오로지 사람을 살육하는 일로 위엄을 나타내고자 해서 피살된 승려가 대단히 많았다. 불도징은 중생을 가엾게 여기고 불도로 석륵을 교화하고자 지팡이를 짚고 [석륵의] 군문(軍門)으로 갔다. 석륵의 대장군 곽흑략(郭黑略)이 평소 불교를 신봉하는 사람이었으므로 불도징은

---

90) 유요(劉曜) : ?~329. 흉노 사람으로 원래 고아였으나 유총(劉聰)이 그를 거두어 길렀으며, 나중에 장군이 되어 크게 활약했다. 311년에 낙양을 침공해 진 회제(懷帝)를 포로로 잡고, 316년에 재차 낙양을 침공해 진 민제(愍帝)를 잡았다. 318년, 근준(靳准)이 반란을 일으켜 유찬(劉粲)을 살해하자 곧바로 군대를 일으켜 근씨 세력을 토벌한 후 제위에 올랐다. 다음 해에 장안으로 천도했는데 역사서에서는 이를 전조(前趙)라고 한다. 북방의 새로운 강자가 된 석륵과 패권을 다투어 328년 낙양을 공격했으나 도리어 패해 사로잡히고 다음 해에 피살되었다.

91) 석륵(石勒) : 오호십육국의 하나인 후조(後趙)의 황제. 흉노족으로 소년 시절에는 중국인에게 노예로 팔렸다가 나중에 산적들의 수령이 되었다. 그 후 흉노족 유연이 세운 한국(漢國)에서 장군으로 활약했다. 307년 유연의 휘하로 들어가 동진 장군 왕준(王遵)을 죽였다. 점차 전공을 세워 대장군이 된 뒤 유요(劉曜)와 더불어 전조(前趙)와 후조(後趙)로 세력을 양분하다가 329년 유요를 멸망시켰다. 석륵은 제왕이 된 후 고승 불도징의 제자가 되었으므로 후조 시대에는 북방에서 불교가 번성했다.

그의 집에 몸을 의탁했다. 그는 [불도징에게] 오계(五戒)를 받았기에 제자의 예를 지키며 스승을 존경했다. 또한 나중에 석륵을 따라 정벌 전쟁에 참여했는데 항상 승부를 예측해 맞추었다. 석륵이 의아해하며 곽흑략에게 물었다. “나는 그대에게 뛰어난 지모가 있는 것을 느끼지 못했는데 그대가 매번 우리 행군의 길흉을 알고 있는 것은 무슨 까닭인가?” 곽흑략이 대답했다. “장군은 하늘이 주신 뛰어난 무용(武勇)을 타고난 분이며, 암암리에 신령이 돕고 있습니다. 도술과 지혜가 뛰어난 승려가 한 사람 있는데, 그가 장군께서 중원 지역을 차지할 것이라고 예언했으며 이미 장군의 군사가 되기로 승낙했습니다. 소신이 여러 차례 아뢴 말씀은 모두 그분이 말씀하신 것입니다.” 석륵이 기뻐하면서, “하늘이 내리셨다”고 했다. 곧바로 불도징을 불러 물었다. “불도에는 어떠한 신령함이 있는가?” 불도징은 석륵이 심원한 이치를 이해하지 못할 줄 알고서 도술로 징험을 보여야 되겠다고 여겼다. 그리하여 “지극한 도는 비록 멀리 있는 듯하지만 또한 가까운 사례로도 입증할 수 있습니다”라고 했다. 곧 그릇을 가져오게 해 물을 부은 후 향을 피우고 주문을 외웠다. 잠깐 사이에 푸른색 연꽃이 피어났는데 그 빛이 눈부셨으므로 이로 인해 석륵이 불교를 믿게 되었다. 불도징은 이 틈을 타서 석륵에게 간언했다. "대개 임금이 덕으로 교화함이 천하에 두루 미치면 신령한 동물 넷이 상서로움을 나타냅니다. 정치가 피폐해지고 도가 없으면 혜성이 하늘에 나타날 것입니다. 일정한 조짐이 하늘에 나타나면 화와 복이 뒤따릅니다. 이것은 고금에 걸쳐 늘 나타나는 조짐이며, 하늘과 인간세상의 밝은 가르침입니다." 석륵은 크게 기뻐했다. 주살될 처지이나 아직까지 처형되지 않은 사람들 중에 불도징의 혜택을 본 자가 열 중 여덟, 아홉이나 되었다. 이리하여 중원 지방에서는 서역 사람이든 중국 사람이든 거의 모두 불교를 믿었다. 당시에 고질병이 돌았으나 치료할 수 없는 자도 있었는데 그가 치료하자 곧 병이 낫거나 호전되었으며, 남몰래 그의 도움을 받은 자들은 이루 다 헤아릴 수 없었다.

석륵의 군대가 갈피에서 하북 지방으로 귀환하면서 방두(坊頭)를 지나게 되었는데, 방두 사람들이 한밤중에 군영을 공격하려고 했다. 불도징이 곽흑략에게, "잠시 후에 도적들이 이를 것이니 공에게 알리는 것이 좋겠다"고 했다. 과연 불도징의 말대로 적의 공격이 있었으나 미리 대비를 했으므로 패하지 않았다. [한번은] 석륵이 불도징을 시험하고자 한밤중에 갑옷을 입고 투구를 쓴 채 칼을 잡고 정좌한 뒤 사람을 보내, "한밤중에 대장군이 계신 곳을 모르겠습니다"라고 말하게 했다. 심부름을 보낸 사람이 막 도착해서 입을 열기도 전에 불도징이 도리어 이렇게 물었다. "나라가 평안하고 침입하는 적군도 없는데, 어찌 한밤중에 경계를 엄하게 하고 있는가?" 이로부터 석륵은 더더욱 불도징을 믿고 공경했다. 후에 석륵이 성나는 일이 있어 승려들을 살해하고 불도징에게도 괴로움을 주고자 했다. 이에 불도징은 곽흑략의 집으로 피신하고 제자들에게 말했다. "만약 대장군이 보낸 전령이 내가 있는 곳을 물으면 알지 못한다고 말하거라." 전령은 불도징을 찾으러 왔다가 그의 행방을 찾을 수 없었으므로 돌아가 석륵에게 이 일을 알렸다. 석륵이 깜짝 놀라면서 "내가 성인에게 나쁜 마음을 가졌더니 성인이 나를 버리고 떠나간 것이다"라고 했다. 그는 그날 밤새도록 잠을 이루지 못하고 불도징을 만나고자 했다. 다음 날 아침 [불도징이] 석륵을 찾아가자 그는 "어젯밤에는 어디를 가셨습니까?"라고 물었다. 불도징이 "공께서 노여운 마음을 가지고 계시니 어제는 잠시 피했다가 공이 이제 마음을 바꾸었으므로 찾아왔습니다"라고 대답했다. 석륵이 크게 웃으며, "대사께서 잘못 아신 것입니다"라고 했다.

양국성(襄國城)의 해자에 흐르는 물의 근원은 성 서북

쪽 5리쯤에 있는 단환사(團丸祀)의 아래에 있었는데, 그 물이 갑자기 말랐으므로 석륵이 불도징에게 어떻게 물을 끌어들일 수 있는지 물었다. 불도징이 "지금 용에게 칙령을 내리십시오"라고 대답했다. 석륵은 자가 세룡(世龍)이었으므로 불도징이 자신을 조롱한다고 여기고 "바로 그 용이 물을 끌어들일 수 없어서 질문을 드리는 것입니다"라고 거듭 물었다. 불도징이 "이 말은 진심이지 농담으로 하는 것이 아닙니다. 샘의 근원이 있는 곳에는 반드시 용신(龍神)이 삽니다. 이제 그곳으로 가서 칙명을 내리면 반드시 물을 얻을 수 있습니다"라고 대답했다. 이어서 불도징은 제자 법수(法首) 등 몇 사람과 함께 샘물의 근원에 이르렀다. 그 근원이 있던 곳은 오래전에 이미 말라 버려 땅이 갈라진 곳이 마치 수레바퀴 자국 같아서, 따라간 사람들은 모두 의심하면서 물을 얻기 힘들 것으로 여겼다. 불도징은 승상(繩床)[92]에 앉아 안식향(安息香)[93]을 피우면서 수백 마디의 축원 주문을 외웠는데, 3일을 이렇게 하자 샘물이 미세하게 졸졸 흘렀다. [이어서] 길이가 대여섯 치

---

92) 승상(繩床) : 줄을 매달아 접었다 폈다 할 수 있도록 만든 긴 의자다.

93) 안식향(安息香) : 산스크리트어 gugula. 이 나무는 고대 페르시아[안식국(安息國)]가 원산지였으므로 안식향이라고 했다.

되는 작은 용 한 마리가 샘물의 흐름을 따라 나타났다. 여러 승려들이 용의 모습을 보려고 앞다투어 가니 불도징이 말했다. "용에게는 독이 있으니 물가로 다가가지 말거라." 얼마 후 성의 해자에 샘물이 많이 흘러 해자가 물로 가득 찼다. [어느 때] 불도징이 한가롭게 앉아 있다가 탄식하며 말했다. "이틀 뒤에 작은 사람 하나가 이곳을 놀라게 하겠구나." 양국(襄國) 사람 설합(薛合)에게 아들 둘이 있었는데, 그들은 키가 작고 교만했으며 제멋대로 선비족 노예를 희롱했다. 선비족 노예가 분노해서 칼을 빼들어 동생을 찔러 죽이고 방에서 그 형을 포로로 잡고 칼을 심장에 겨누었다. 만약 다른 사람이 들어오면 즉각 손을 쓸 준비를 해 놓고 설합에게 말했다. "나를 내 나라로 돌려보낸다면 아들을 살려 주겠지만 그렇게 하지 않는다면 여기에서 함께 죽겠다." 집안 전체가 놀랐으며 가서 구경하지 않는 이가 없었다. 이에 석륵도 직접 가서 살펴보고 설합에게 말했다. "노예를 돌려보내 경의 아들을 살릴 수 있다면 정말 좋은 일이오. 그러나 이러한 법도를 한번 열면 바야흐로 훗날의 화근이 될 것이오. 경은 너그러운 마음을 가지시오. 나라에는 변할 수 없는 법률이 있소." [석륵은] 사람을 시켜 노예를 잡게 했는데, 결국 노예가 [설합의] 아들을 죽이고 자신도 죽었다.

선비족의 단파(段波)가 석륵을 공격했는데, 그 무리가 대단히 많았다. 석륵이 두려워하며 불도징에게 [결과를] 묻자 그가 대답했다. "어제 절의 방울이 울렸는데, 내일 아침 밥 먹을 때쯤이면 단파를 사로잡을 것이라는 뜻입니다." 석륵이 성에 올라 단파의 군대를 살펴보니 앞뒤가 보이지 않을 정도로 많았다. 그는 낯빛이 변해 "군대의 행진으로 땅이 흔들릴 지경인데 단파를 어떻게 사로잡겠는가? 이것은 스님이 나를 안심시키려는 말인 것 같다"고 했다. 다시 기안(夔安)이라는 신하를 보내 불도징에게 물었더니 "이미 단파를 사로잡았습니다"라고 했다. 당시 성 북쪽에 복병이 출동했다가 단파를 만나 사로잡았다. 불도징이 석륵에게 단파를 용서하고 그의 나라로 돌려보내라고 권하니 그 말을 따랐다. 나중에 [석륵은] 단파의 도움을 받는다. 당시 유재(劉載)[94]는 이미 죽었고, 유재의 사촌동생이

---

94) 유재(劉載) : 유총(劉聰, ?~318)의 별명이다. 흉노족으로 한(漢)나라를 세웠던 유연(劉淵)의 넷째 아들이다. 유연이 황제가 되면서 대사마(大司馬)·대선우(大單于)·녹상서사(錄尙書事) 등이 되어 활약했다. 유연 사후 형 유화(劉和)를 죽이고 제위에 올랐다. 아들 유찬(劉粲)과 유요(劉曜)·왕미(王彌)·석륵(石勒) 등을 보내 서진을 공격해 311년에 진(晉) 회제(懷帝)를 포로로 잡았으며, 316년에는 유요를 재차 낙양에 보내 함락하고 진 민제(愍帝)를 포로로 잡았다. 318년 사망한 뒤

던 유요(劉曜)가 제위를 찬탈하고 황제 자리에 올라 연호를 광초(光初)라고 했다. 광초 8년(325), 유요는 사촌동생인 중산왕(中山王) 유악(劉岳)을 파견해 군대를 이끌고 석륵을 공격하게 했다. 석륵은 석호(石虎)에게 보병과 기병을 통솔하고 방어하게 했다. 낙양의 서쪽에서 크게 싸웠는데 유악은 패전해서 석량오(石梁塢)를 지키고, 석호도 목책을 견고하게 만들어 방어하고 있었다. 당시 불도징과 제자들은 관사(官寺)에서 중사(中寺)로 가고 있었는데, [중사의] 절문에 들어서자마자 불도징이 "유악이 불쌍하구나" 하며 탄식했다. 제자 법조(法祚)가 스승에게 이유를 물었다. 불도징은 "어제 해시(亥時)에 유악이 사로잡혔다"고 했는데, 과연 그의 말과 같았다. 광초 11년에 유요가 친히 군대를 통솔해 낙양을 공격해 오자 석륵이 친히 가서 막으려 했더니 조정 안팎의 신하들이 [출병을 만류하며] 간언하지 않는 이가 없었다. 석륵이 불도징을 방문하자 그가 말했다. "상륜사(相輪寺)의 방울 소리가 '수지(秀支)·체려강(替戾岡), 복곡(僕谷)·구독당(劬禿當)'이라고 했는데, 이는 갈족(羯族)의 말입니다. '수지'는 '군대'란 뜻이요, '체려강'은 출동한다는 뜻이며, '복곡'은 유요의 지

유찬이 제위를 계승했다.

위를 말함이요, '구독당'은 붙잡는다는 뜻입니다. 이 말은 군대가 출동하기만 하면 유요를 사로잡을 것이라는 의미입니다." 당시 서광(徐光)이 불도징의 이러한 예언을 듣고 간절하게 석륵의 출병을 권유했다. 이에 그는 큰아들 석홍(石弘)을 남겨 불도징과 함께 양국(襄國)을 지키게 하고, 친히 중군(中軍)의 보병과 기병을 통솔해 곧바로 낙양성으로 향했다. 양쪽 군대가 교전을 시작하자 유요의 군대는 크게 무너졌다. 유요와 말은 물에 빠져 석감(石堪)이 그를 생포해 석륵에게 보냈다. 당시 불도징은 어떤 물체를 손바닥에 바르고 그 광경을 살펴보고 있었다. [손바닥을 보니] 많은 사람들이 있는데 뭇사람 중에서 한 사람이 붉은 밧줄에 목이 묶여 있었으므로, 이 일을 석홍에게 알렸다. 이처럼 [불도징이 손바닥으로 전쟁을] 살펴보고 있던 바로 그때 유요가 산 채로 붙잡혔다. 유요를 평정한 후 석륵은 조천왕(趙天王)을 자처하면서 스스로 황제가 되고 연호를 건평(建平)이라고 했다. 이해는 동진(東晉) 성제(成帝) 함화(咸和) 5년(330)이었다. 석륵은 황제의 자리에 오른 후 불도징을 더욱 독실하게 섬겼다. 당시 석총(石葱)이 반란을 꾀하고 있었기에 불도징은 석륵을 경계시켰다. "금년에는 파[葱] 속에 벌레가 있어 이를 먹으면 사람에게 해로우니 백성들에게 파를 먹지 말라고 명해야 하겠습니다."[95] 석륵은 나라 안에 포고를 내려 파를 먹지 말라고 했다. 그해 8월이 되자 석총이 과연 달아났다. 석륵은 [불도징을] 더욱더 존중하게 되었으며, 일이 있으면 반드시 자문을 받아 처리하고 대화상(大和尙)으로 불렀다. 석호에게 빈(斌)이라는 이름을 가진 아들이 있었는데, 후에 석륵이 손자인 그 아이를 몹시 사랑했지만 병에 걸려 죽었다. 병들어 죽은 지 이틀이 지났는데 석륵이, "짐이 듣건대 괵(虢)나라의 태자가 죽자 편작(扁鵲)이 살려 냈다고 한다. 대화상은 이 나라의 신과 같은 분이니 급히 가서 알리면 반드시 복을 얻을 수 있을 것이다"라고 했다. 이에 불도징이 버드나무 가지를 들고 와서 주문을 외웠더니 곧바로 일어날 수 있었고 얼마 후에는 완전히 회복했다. 이로 말미암아 석륵은 손자들을 대부분 절 안에서 키우도록 했다. 매번 4월 초파일이 되면 석륵은 몸소 사원을 방문해 직접 불상을 관욕하고 손자들을 위해 발원했다.

건평(建平) 4년(333) 4월, 하늘이 고요하고 바람도 불지 않는데 탑에서 방울 하나가 홀로 울렸다. 불도징이 대

---

95) 석총의 이름인 총(蔥) 자에 파라는 뜻이 있으므로 불도징이 이를 경계시키려고 석륵에게 넌지시 예언한 것이다. 석륵은 이를 오인해 파를 먹지 말라는 기상천외한 조서를 내렸다.

중에게 말했다. "방울 소리가 알려 주기를, 나라에 큰 상사(喪事)가 있을 것인데 금년을 넘기지 않는다." 그해 7월 석륵이 죽고 아들 석홍이 제위를 계승했다. 얼마 후 석호가 석홍을 폐위하고 스스로 제위에 올라, 업성으로 도읍을 옮기고 연호를 건무(建武)라고 했다. 석호는 온 마음을 기울여 불도징을 섬겼는데 [그 정성이] 석륵보다 더했다. 석호는 다음과 같은 조서를 내렸다. "대사께서는 나라의 큰 보배이신데 영예스런 작위를 더할 수도 없고, 높은 봉록도 받으려 하지 않는다. 작위와 봉록으로 미칠 수 없으니, 어떻게 스님의 덕을 드러낼 것인가? 이제부터는 비단으로 가사를 만들어 드리고 화려하게 조각한 가마를 타시게 하라. 조회하는 날, 스님이 궁전에 오르면 상시(常侍) 이하 관리는 모두 스님의 가마 드는 것을 돕는다. 태자와 여러 대신들은 스님을 양쪽에서 부축해 궁전에 오르게 하라. [의식을] 주관하는 자가 '큰스님이 이르셨다'고 외치면 모든 사람들이 일어나 스님에게 존경심을 표할 것이다." 또한 사공(司空) 이농(李農)에게 칙명을 내리기를, "아침저녁으로 문안을 드리고, 태자와 여러 대신들은 닷새에 한 번씩 문안해 짐의 공경심을 표하도록 하라"고 했다.

불도징은 당시 업성(鄴城) 내의 중사(中寺)에 머무르

고 있었는데, 제자 법상(法常)을 북쪽에 있는 양국(襄國)으로 보냈다. 마침 제자 법좌(法佐)가 양국으로부터 돌아오는 길에 양기성(梁基城)에서 만나, 함께 자면서 수레를 마주하고 밤새 이야기를 나누다가 이야기가 스승 불도징에게 미쳤다. 아침이 되어 각자 길을 떠났다. 축법좌가 [중사에] 이르러 막 불도징을 배알했더니, 불도징이 도리어 웃으며 말했다. "어젯밤 너는 법상과 수레를 맞대고 네 스승에 대해 이야기하지 않았던가? 옛 현인의 말씀에 [스승을] 공경하고, 은밀한 곳에서도 행동을 바꾸지 말며, 삼가야 한다고 하지 않았던가? 또한 홀로 있을 때도 게으르지 않아야 한다고 하지 않았던가? 은밀한 곳에서 혼자 있을 때가 공경과 삼가함의 근본임을 너는 알지 못하는가?" 축법좌는 깜짝 놀라 부끄러워하며 참회했다. 이리하여 온 나라 사람들이 이야기를 할 때마다 "나쁜 마음을 일으키지 마라. 스님께서 너의 행동을 알고 계신다"고 했으며, 불도징이 있는 곳을 향해서는 감히 코를 풀고 침을 뱉거나 소변을 보는 사람이 없었다.

이때 태자 석수(石邃)의 두 아들은 양국에 있었다. 불도징이 석수에게, "어린 아드님이 요즘 병에 걸린 듯하니 사람을 보내 데려오십시오"라고 했다. 그가 급히 사람을 보내 살펴보게 했더니, 과연 이미 병에 걸려 있었다. 어의인 은등(殷騰)과 외국의 도사는 능히 병을 고칠 수 있다고 했으나, 불도징은 제자 축법아에게 말했다. "설령 성인이 다시 나타난다 해도 이 병을 낫게 할 수 없을 터인데, 하물며 이들이야 말할 필요가 있겠는가?" 3일이 지나자 과연 아이들이 죽었다. 석수는 술에 빠지더니 장차 역모를 꾀하려고 했으며, 환관에게 "불도징 화상은 신통력이 있으니 내 역모가 발각될 수 있을 것이다. 내일 그가 오면 먼저 그를 제거해야겠다"고 했다. 불도징은 매월 보름 석호에게 문안하러 입궁했는데, 제자 승혜(僧慧)에게 이렇게 말했다. "어젯밤 천신이 내게 '내일 궁궐에 들어가면 돌아올 때 다른 사람을 지나가지 말라'고 하셨다. 내가 만약 지나가게 된다면 너는 반드시 나를 제지하거라." 불도징이 입궁하면 반드시 석수를 지나가게 되어 있었다. 석수는 [불도징이] 입궁할 것을 알고 있었으므로 그를 간절히 기다리고 있었다. 불도징이 남대(南臺)를 올라가려 하자 승혜가 옷을 잡아 당겼다. 불도징이 "일이 있어 머무를 수 없구나" 하더니 제대로 앉기도 전에 곧바로 일어났다. 석수가 만류했으나 붙잡지 못하고 음모는 마침내 실패했다. 불도징은 절로 돌아와 탄식했다. "태자가 반란을 꾀하고 있는데, 그 형세가 곧 이루어질 것이다. 말하고 싶지만 말하기도 어렵고, 입을 다물고 참고 싶지만 참기도 어렵구나." 이에 어떤 일 때문에 넌지시 석호에게 암시를 했으나 그가 끝내 알아듣지 못했다. 얼마 후 사건이 일어나자 그제야 불도징이 한 말의 뜻을 알게 되었다.

나중에 곽흑략이 장안(長安) 북쪽 산에 있는 강족(羌族)을 토벌하러 갔다가 강족의 매복에 걸려들었다. 당시 불도징은 법당에 앉아 있고 제자 법상(法常)이 곁에서 모시고 있었다. 그는 갑자기 얼굴빛이 어두워지면서 "곽공이 지금 액운을 만났다" 하더니 승려 대중에게 염불하고 기원하게 하고는 자신도 기도했다. 잠시 후에 다시 "만약 동남쪽으로 나가면 살 수 있으나 다른 방향은 어려울 것이다"라고 했다. 다시 염불하면서 주문을 외더니 잠시 후 "벗어났다"고 했다. 한 달여가 지나 곽흑략이 돌아왔다. 그는 말했다. "강족의 포위에 빠져 동남쪽으로 말을 달리고 있을 때 부하 한 사람을 만났는데 그가 말을 내주면서 '공은 이 말을 타시고, 소인은 공의 말을 타겠습니다. 구제될지 어떨지는 운명에 맡기십시오'라고 한 일이 있습니다." 곽흑략은 그의 말을 얻어 탔고, 덕분에 재난을 면할 수 있었다. 날짜를 계산해 보니 불도징이 염불하고 기원하던 바로 그때였다.

[석호는] 후조(後趙) 대사마(大司馬)였던 아들 연공(燕公) 석빈(石斌)을 유주목(幽州牧)에 임명해 계(薊) 지방을 지키도록 했는데, 흉악한 자들이 그 주위로 모여들면서 그는 방자하고 포악해졌다. 불도징이 석호에게 경계시키려고 말했다. "어젯밤 천신이 '급히 말들을 모아 돌아오게 하라. 가을이 되면 종기 때문에 썩을 것이다'라고 말씀하셨습니다." 석호는 이 말의 뜻을 알아듣지 못하고, 급히 각처에 칙령을 내려 말을 거두어 돌아오도록 했다. 그해 가을 어떤 사람이 석빈을 참소해, 석호가 그를 불러 매 300대를 치고 생모인 제(齊)씨를 죽였다. 석호는 활을 당기고 화살을 겨누면서 [병사들이] 석빈에게 가하는 형벌이 가볍다고 여기고, 매를 때린 병사 500명을 손수 죽이려고 했다. 불도징이 간언했다. "마음을 제멋대로 풀어 놓으면 안 되며, 사람을 죽이면 되살릴 수 없습니다. 예법에 천자는 친히 살인하지 말라고 했는데, 임금의 은덕을 손상시키기 때문입니다. 어찌 천자가 손수 형벌을 시행하겠습니까?" 이에 석호는 직접 죽이려던 일을 그만두었다.

나중에 진(晉)의 군대가 회사(淮泗)96) 지방으로 진출해 농북(隴北) 일대 여러 성을 침략하자 각지에서 위급함을 알렸고, 사람들의 마음이 혼란스러워졌다. 이에 석호는 성을 내면서 말했다. "내가 부처님을 섬기고 스님들을 공양했거늘 다시 외적의 침입이 있으니, 부처님은 신령함이 없다." 불도징이 다음 날 아침 궁궐에 들어갔더니 석호가 이 일에 대해 묻기에, 그가 간언했다. "대왕께서는 과거생에 큰 상인이셨습니다. 계빈사(罽賓寺)에 이르러 스님들의 큰 모임에 공양을 올린 적이 있습니다. 그 모임에는 아라한 60명이 있었고, 미천한 저 또한 그 모임에 참석했습니다. 당시 도를 깨달은 승려가 저에게 '이 공양주는 목숨이 다하면 닭의 몸을 받겠지만, 나중에는 나라의 왕이 될 것이다'라고 했습니다. 이제 대왕께서 왕이 되셨으니 어찌 복이 아니겠습니까? 국경에 군대가 침범하는 것은 나라에 늘 있는 일입니다. 어찌 이로 인해 삼보를 원망하고, 한밤중에 독한 마음을 일으키십니까?" 이에 석호는 불도징의 말을 믿게 되었으며, 잘못을 깨달은 뒤 무릎을 꿇고 사죄했다.

석호는 불도징에게 "불법이란 어떤 것입니까?"라고 늘 물었다. 불도징은 "살생하지 않는 것입니다"라고 대답했

---

96) 회사(淮泗) : 회수(淮水)와 사수(泗水) 일대.

다. 그러자 석호가 물었다. "짐은 천하의 주인이 되어 형벌과 처형이 아니면 천하를 다스릴 수가 없소. 이미 계율을 어기고 살생을 했으니, 비록 다시 부처님을 섬긴다고 하더라도 어찌 복을 받을 수 있겠소?" 불도징이 대답했다. "제왕께서 부처님을 섬긴다는 것은 마땅히 몸을 공손히 하고 마음을 온화하게 해 삼보를 선양하며, 포악한 행위를 하지 않고, 죄 없는 이를 해치지 않는 것입니다. 흉악하고 어리석은 무리는 교화만으로 바꿀 수 없습니다. [그러므로] 죄가 있다면 죽이지 않을 수 없으며, 악한 짓을 한 자에게는 형벌을 주지 않을 수 없습니다. 다만 응당 죽여야 할 사람만 죽이고, 형벌을 주어야 할 사람에게만 주십시오. 포악하고 제멋대로인 무리를 죽인다면 죄가 아닙니다. 비록 [그들이] 재물을 쏟아 불법을 섬긴다 하더라도 재앙을 풀 수는 없습니다. 바라건대 폐하께서 욕심을 줄이시고 자비를 일으키시어 널리 일체 중생에게 미치게 하신다면 부처님의 가르침은 영원히 융성할 것이며, 복도 영원할 것입니다." 석호는 비록 불도징의 가르침을 다 좇을 수는 없었으나 이익이 되는 바가 적지 않았다. 조정에서 상서(尙書) 벼슬을 지낸 장리(張離)와 장량(張良)은 집안이 부유했는데, 부처님을 섬기면서 각자 커다란 탑을 세웠다. 불도징은, "부처님을 섬기는 것은 청정하고 욕심이 없으며 중생을 불쌍히 여겨 자비로운 마음을 내는 것이다. 시주께서 비록 부처님의 법을 받든다고 하지만 탐욕과 인색함이 끝이 없을 뿐만 아니라 자제하지 않고 마구 사냥을 하며, [백성들의] 재물을 끝없이 긁어모아 바야흐로 현세의 죄업을 받을 것인데 어찌 복업이 있기를 바랄 수 있겠는가?"라고 했다. 장리와 장량 등은 그 후 석호에게 처형을 당했다. 당시 1월에서 6월까지 가뭄이 들어 석호는 태자를 임장현(臨漳縣)의 서부구(西釜口)로 보내 기우제를 지내게 했지만 오랫동안 비가 내리지 않아 석호는 불도징에게 기우제를 요청했다. [불도징이 기우제를 지내자] 곧바로 흰 용 두 마리가 제사 지내는 곳으로 내려오더니 그날 당장 큰비가 내려 사방 수천 리를 적셨고, 그해에는 크게 풍년이 들었다. 북쪽 오랑캐 무리는 예전에는 불법을 알지 못했으나 불도징의 영험을 듣고 모두 멀리서 그가 있는 곳을 향해 절을 올리게 되었으니, 결과적으로 불도징은 말 한마디도 하지 않고 오랑캐들을 교화한 것이다.

불도징은 일찍이 제자를 서역의 도시로 보내 향을 사오게 한 적이 있었다. 향을 사러 보낸 제자가 출발한 뒤에 불도징이 다른 제자들에게 말했다. "손바닥 위에서 향을 사러 간 제자를 보았는데 모처에서 도적들에게 강도를 당해 거의 죽게 되었다." 이어서 [불도징은] 향을 피우고 축원을 해 멀리서 제자를 구원했다. 그가 나중에 돌아와서 말했다. "모월 모일 모처에서 강도들에게 습격을 당해 거의 죽을 지경이 되었습니다만, 갑자기 향냄새가 나더니 강도들이 이유 없이 놀라면서 '구원병이 이미 이르렀다' 하고 저를 버리고 도망가 버렸습니다." 석호가 임장(臨漳) 지방에서 오래된 탑을 수리했는데 승로반이 없었다. 불도징이 "임치성(臨淄城)에 고대 아소카왕의 불탑이 있는데, 그 땅 밑에 승로반과 불상이 있을 것이다. 그 위에 숲이 우거져 있으니 그것을 파내면 된다"고 했다. 곧바로 불도징이 지도를 그려 사신에게 주고 그곳을 파게 했더니 과연 불상과 승로반을 구할 수 있었다. 석호는 매번 연(燕)나라를 정벌하려고 했는데 불도징이 "국운이 끝나지 않았으니 갑자기 이기기는 어렵습니다"라고 간언했다. 여러 차례 연나라를 공격했으나 패배하자 비로소 불도징이 경계한 말을 믿게 되었다.

불도징의 교화가 널리 퍼지자 불교를 믿는 백성들이 많아졌다. 그들은 모두 앞다투어 사찰을 짓기도 하고 출가하기도 했으므로 [승단에는] 옥석이 뒤섞여 허물과 과오가 생겨났다. 석호는 중서령에게 조서를 내렸다. "부처는 세존이라 부르고 나라에서 받드는 분인데, 벼슬과 작록도 없는 민간의 평민들이 부처를 섬기게 해도 되겠는가? 깨끗하고 곧은 품행을 가지고 수행 정진에 매진해야 비로소 사문이 될 수 있다. 지금 승려의 수는 많지만 간혹 간사한 무리가 국가의 부역을 피하기 위해 승려가 된 자들이 있다. 그들 대다수는 승려가 될 만한 사람이 아니니 가려낼 수 있도록 상세히 논의해 보라." 중서저작랑(中書著作郎) 왕도(王度)가 상소를 올렸다. "제사에 관한 전적에 무릇 임금은 천지의 신에게 교제(郊祭)를 지내고 여타 온갖 신에게 제사를 올려야 한다고 기록되어 있으며, 예법에도 [신들이] 흠향하도록 해야 한다는 말이 있습니다. 부처는 서역에서 전래되었으니 외국의 신령이며, 그 공덕이 백성들에게 미치지도 않으니 천자와 중국인들이 제사를 지낼 대상이 아닙니다. 옛날 한나라 명제의 꿈에 부처가 나타나 처음으로 그 도가 전해졌습니다. 다만 서역 사람들에 한해 도읍에 사찰을 세우고 부처를 받들게 했을 뿐, 한족들은 모두 출가할 수 없도록 했습니다. 위(魏)나라는 한나라의 제도를 계승해 역시 그 궤범을 따랐습니다. 이제 대조(大趙)[97]가 천명을 받게 되어 대개 옛 제도를 그대로 따

---

97) 대조(大趙) : 후조(後趙)에서 자신들의 나라를 높여 부르던 용어다.

르고 있습니다. 중국과 오랑캐는 제도가 다르고 사람과 섬기는 신도 다릅니다. 바깥은 안과 다른 법이라 흠향하거나 제사 지내는 것도 예의가 서로 다르니 중국의 복색과 제사 제도에 [오랑캐의] 그것을 뒤섞어서는 안 될 것입니다. 나라에서는 조나라 백성들이 사찰로 가서 향을 피우고 절하는 일을 모두 금지하고 [중국의] 제도와 예의를 준수하게 해야 할 것입니다. 위로는 문무백관과 공경대부로부터 아래로는 평민과 노예에 이르기까지 전례대로 모두 불교를 믿는 것을 금해야 합니다. 그러한 법령을 위반하는 자가 있으면 미신적인 제사를 지내는 자와 동등한 죄로 다스려야 합니다. 조나라 사람으로 승려가 된 자는 환속해 중국 백성의 복장을 입게 해야 합니다." 중서령 왕파(王波)도 같은 내용의 상소를 올렸다. 석호는 조서를 내렸다. "왕도가 논하기를, 부처는 외국의 신이므로 천자나 화인(華人)이 받들기에 마땅하지 않다고 했다. 짐은 변방에서 태어났으나 한 시기의 천운을 받아 중원에서 군림하게 되었다. [따라서] 제사를 지내는 것에 대해서는 본래의 풍속을 함께 따라야만 할 것이다. 부처는 오랑캐의 신이니 응당 받들어 모셔야 한다. 대개 제도라는 것은 윗사람이 실행하면 영원히 준칙이 되는 것이니, 일 처리에 어긋남이 없다면 어찌 전례에 구애를 받겠는가? 오랑캐나 조나라 백성이 귀신에게 제사를 드리는 미신을 버리고 기꺼이 부처를 섬기겠다고 하면 모두 불도를 따르게 하라." 이리하여 계율에 태만하던 승려들도 조서로 말미암아 마음을 가다듬게 되었다. 황하에는 예로부터 자라가 살지 않았는데, 홀연 한 마리가 잡혀 석호에게 바쳤다. 불도징이 자라를 보고 탄식했다. "환온(桓溫)[98] 그가 강물에 들어갈 날이 멀지 않았구나." 환온의 자는 원자(元子)였으므로, 나중에 과연 불도징의 말과 같이 되었다.[99]

---

98) 환온(桓溫) : 312~373. 선성(宣城) 태수였던 환이(桓彝)의 아들이다. 동진 명제(明帝)의 딸이었던 남강장(南康長) 공주와 결혼하면서 동진 최대의 군벌이 될 기반을 마련했다. 형주(荊州) 일대에서 군사력을 장악하고 북벌을 했는데, 세 차례에 걸친 북벌은 비록 실패로 끝났지만 동진의 군사력이 모두 그에게 집중되는 결과를 거두었다. 황제의 지위를 끊임없이 노리던 그는 371년 황제였던 사마혁(司馬奕)을 폐위하고 해서공(海西公)으로 낮추었으며 간문제(簡文帝)를 옹립해 제위 계승을 꾀했다. 간문제가 중병이 들자 그는 제위를 이어받을 것으로 기대했으나, 뜻밖에 사마요[司馬曜, 효무제(孝武帝)]에게 제위가 계승되어 뜻을 이루지 못하고 얼마 뒤 병사했다. 그러나 아들이었던 환현(桓玄)이 환씨 일가의 세력을 유지해 오랫동안 동진의 근심거리였다.

99) 원자(元子) : 원(元)이라는 글자가 원(黿) 자와 발음이 같기 때문에 여기서는 자라를 상징한다. 환온이 강물에 들어간다는 것은 자라처럼 사람들에게 붙잡힐 것을 예언한 것이다.

위현(魏縣)에 유민(流民)이 한 사람 있었는데 어떤 씨족인지도 알 수 없었으며 늘 삼베저고리와 무명치마[100]를 입고 여기저기 구걸하고 다녔으므로 당시 사람들이 그를 '마유(麻襦)' 선생이라고 불렀다. 그는 말솜씨가 뛰어났으나 행색은 마치 미친 사람 같았다. 예컨대 걸식해 쌀을 얻으면 먹지 않고 큰길에 마구 뿌리며 천마(天馬)를 먹인다고 말했다. 초흥(超興) 태수 적발(籍拔)이 그를 붙잡아 석호에게 보냈다. 이보다 앞서서 불도징은 석호에게 말했다. "이 나라 동쪽 200리 되는 곳에서 모월 모일에 비상한 인물을 보내올 것입니다. 폐하께선 그를 죽이지 마십시오." 불도징이 말한 그 시기에 과연 마유 선생이 이르렀다. 석호는 마유 선생과 이야기를 나누었는데, 기이한 것은 별로 없었다. 오직 마유 선생이 "폐하께서는 일주전하(一柱殿下)로 생을 마치실 것입니다"라고 했는데, 석호는 이해하지 못하고 불도징에게 보내 만나게 했다. 마유 선생이 불도징에게 말했다. "옛날 [한나라 영제(靈帝)] 광화(光和) 연간에 만나고 오늘에야 다시 만났습니다. 서쪽 오랑캐는 곧 중원에서 사라질 것이며, 변경 지대도 [원래의 형세를]

100) 무명치마 : 여기에서는 여성용 치마를 말하는 것이 아니라 치마처럼 긴 하의라는 뜻으로 보인다.

유지할 수 없을 것입니다. [서쪽 오랑캐가] 사라져도 신령한 자취를 보이시길 기대하며 아름다운 덕행을 그치지 마시기를 바랍니다. [스님이 뿌리신] 싹이 후대에 무성히 잎을 피우면 미래세에도 공덕이 쌓일 것입니다. 아름다운 시기를 언제 기약하겠습니까? 길이 그 점을 한탄합니다." 불도징은 대답했다. "천도가 회전하면 천명이 극도에 이를 것이므로, 막혀 있는 운수로는 지탱하기 어렵습니다. 구목(九木)과 수(水)의 기운은 재난이 될 것이니 도술로 편안하게 할 수는 없습니다. 현인들이 비록 세상에 계시지만 터를 잡을 수 없어 반드시 무너질 것입니다. 오랫동안 인간세상을 교화하며 이로움을 주었으나 매우 번거로웠고 환란이 많았습니다. [장차] 인간세상 위쪽 구름 위의 궁전으로 가려 하니 신령들이 노니는 곳에서 만나기로 합시다." 불도징과 마유 선생은 하루 종일 이야기를 나누었지만 사람들은 그 의미를 이해할 수 없었다. 가만히 이야기를 엿들은 자가 위의 몇 마디만을 기록했는데, 그 내용을 미루어 보면 수백 년간의 사건을 논의한 듯했다. 드디어 석호는 역마를 보내 [마유 선생을] 본래의 현으로 돌려보내게 했는데, 성 밖으로 나오자 마유 선생이 걸어가겠다고 했다. 그는 "나는 들를 데가 있어 곧바로 출발할 수가 없소. 합구교(合口橋)에 가서 좀 기다리시오"라고 했다.

사자는 역마를 달려 합구교로 갔는데, 미처 도착하기도 전에 마유 선생이 이미 합구교에서 기다리고 있었다. 마유 선생의 발걸음이 나는 듯이 빨랐던 것이다.

석호가 일찍이 낮잠을 자다가 양들이 물고기를 업고 동북쪽에서 오는 꿈을 꾸었다. 꿈에서 깨어 불도징을 찾아갔다. 불도징이 "상서롭지 않습니다. 선비족이 중원 땅을 차지할지 모르겠습니다"라고 말했다. 과연 선비족인 모용씨(慕容氏)가 나중에 중원을 도읍으로 했다. 또 일찍이 불도징이 석호와 함께 중당(中堂)에 오르다가 갑자기 놀라면서 말했다. "변괴다, 변괴야. 유주(幽州) 지방에 화재가 일어났다." [불도징은] 술을 가져오게 해서 뿌렸다. 잠시 후에 그는 웃으면서, "화재를 이미 진압했습니다"라고 했다. 석호가 사람을 보내 조사해 보았다. 유주 사람들이 말했다. "그날 불이 사대문에서 일어났는데, 서남쪽에서 검은 구름이 몰려와 소나기가 되어 폭우가 내리더니 불이 꺼졌습니다. 이상하게도 비에서 술 냄새가 풍겼습니다."

석호의 건무(建武) 14년(348) 7월, [석호의 두 아들] 석선(石宣)과 석도(石韜)가 서로 죽이려고 했다. 석선은 당시 사원에서 불도징과 함께 앉아 있었는데 불탑에서 방울 하나가 울렸다. 불도징이 석선에게 말했다. "방울 소리를 알아듣겠습니까? '오랑캐가 법도에서 벗어났다'고 합니다." 석선이 놀라 물었다. "이는 무슨 말씀입니까?" 불도징은 거짓으로 대답했다. "이 늙은이가 도를 닦는다고 하면서 산에서 아무 말도 하지 않을 수는 없습니다. 두터운 방석에 앉고 화려한 승복을 걸치고 있으니, 어찌 법도에 벗어난 것이 아니겠습니까?" 나중에 석도가 [사원에] 이르렀는데, 불도징이 한참 그를 주시했다. 그가 두려워하면서 연유를 물었다. 불도징이 "공에게서 이상하게 피 냄새가 나기에 바라보았습니다"라고 했다. 그해 8월 불도징은 제자 열 명에게 별실에서 재를 지내도록 하고, 자신은 잠시 동각(東閣)으로 갔다. 석호와 왕후인 두(杜)씨가 불도징에게 문안 인사를 했다. 불도징이 말했다. "옆구리 아래에 도적이 있으니 열흘이 지나지 않아서 불탑이 있는 서쪽부터 이 전각의 동쪽까지 유혈이 낭자할 것입니다. 부디 동쪽으로는 가지 마십시오." 왕후 두씨가 "스님께서 노망이 나셨습니까? 어디에 도적이 있습니까?"라고 했다. 불도징은 곧바로 말을 바꾸었다. "여섯 가지 감각으로 받아들이는 것이 모두 도적입니다. 늙은이는 저절로 노망이 들 것입니다만 젊은 사람들이 혼미해지지 않게 하고자 합니다." 불도징은 우언인 것처럼 하고 다시 드러내 말하지 않았다. 그 후 이틀이 지나자 과연 석선이 사람을 보내 사원에서 석도를 죽이고, 석호가 조문하러 오는 기회를 틈타 역모를 일으키고자 했다. 석호는 앞에서 불도징이 말한 경계로 인해 죽음을 면할 수 있었다. 석선의 음모가 발각되어 수감되자 불도징은 석호에게 간언했다. "이미 폐하의 자식인데 어찌 중형을 내리려 하십니까? 만약 폐하께서 노여움을 품고 있다 해도 자비를 베푸신다면 오히려 60여 세를 살 것입니다. 반드시 처형해야 한다면 석선은 혜성이 되어 업궁(鄴宮)을 쓸어버릴 것입니다." 석호는 불도징의 말을 따르지 않고 쇠사슬을 석선의 턱에 꿰어 장작더미 위로 끌고 가 불태우게 했다. 석선의 무리 300여 명은 모두 수레로 사지를 찢어 그 시체들을 장하(漳河)에 버리게 했다. 이에 불도징은 별실에서 재를 지내던 제자들에게 그만두게 했다.

한 달 정도 지나자 갈기와 꼬리가 불에 탄 모양을 한 괴이한 말 한 마리가 나타났는데, 중양문(中陽門)으로 들어와 현양문(顯陽門)으로 나갔다. [이 말은] 머리를 동궁(東宮)으로 향했으나 모든 문으로 들어갈 수 없자 동북쪽으로 달려갔는데 갑자기 사라졌다. 불도징은 그 이야기를 듣고 탄식하면서, "곧 재앙이 미치겠구나"라고 했다. 그해 11월 석호는 뭇 신하들을 태무전전(太武前殿)에 모아 크게 연회를 베풀었다. 당시에 불도징이 읊조리듯 말했다. "궁전이여, 궁전이여! 가시나무가 숲을 이루는구나, 장차 사람의 옷을 찢으리라." 석호는 궁전의 석판 아래를 파서 살펴보도록 명령했는데, 가시나무가 자라나고 있었다. 불도징은 절로 되돌아와서 불상을 바라보며 말했다. "[부처님의] 장엄함을 드러낼 수 없음이 한스럽습니다." 또 혼잣말로 "3년을 유지할 수 있을까?"라고 하더니, "안 되겠지, 안 될 거야" 하고 스스로 대답했다. 다시 "2년은? 1년은? 100일은? 1개월은?" 하며 자문하더니, "안 되겠지"라고 대답했다. 이어서 다시는 아무 말도 하지 않았다. 방으로 돌아온 불도징은 제자 법조(法祚)에게 말했다. "무신년(戊申年, 348)에 환란의 싹이 트고, 기유년(己酉年, 349)에 석씨는 멸망할 것이다. 나는 그 환란이 미치기 전에 입적할 것이다." 곧바로 사람을 석호에게 보내 작별의 말을 전했다. "사물의 이치란 반드시 변하는 것이고, 사람의 목숨은 영원히 보존할 수 없습니다. 빈도의 육신은 불꽃처럼 환영에 불과하니 이미 변화할 시기에 이르렀습니다. 특별히 두터운 은혜를 입었으므로 이에 미리 알려 드립니다." 석호는 슬픈 낯빛이 되어 물었다. "스님에게 병이 있다는 말을 듣지 못했는데 갑자기 작별을 하려는가?" 석호는 곧바로 궁궐을 나와 사원을 방문해 불도징을 위문했다. 불도징이 말했다. "태어남이 있으면 죽는 것은 바꿀 수 없는 진리입니다. 수명의 길고 짧음은 분수에 정해진 것으로 사람이 연장할 수 없습니다. [사람이 세상을 살아감에] 도를 중시해서 온전히 행하고, 덕을 귀하게 여겨 태만하지 않아야 합니다. 진실로 덕업과 지조에 어긋난 점이 없다면 비록 죽는다 하더라도 살아 있는 것이나 마찬가지입니다. 천명을 어기면서 수명을 연장하는 것은 제가 바라는 바가 아닙니다. 이제 다 펴지 못한 제 생각을 말씀드리자면, 나라에서 부처님의 진리를 마음에 두고 불법을 받드는 일에 인색하지 않아야 합니다. 사원을 성대히 지어 장엄함과 아름다움을 드러낸다면 [백성들은] 폐하의 덕을 칭송할 것이며, 좋은 복을 누리실 것입니다. 그러나 정치를 가혹하게 하고 형벌을 혹독하게 펴며, 밖으로는 경전의 가르침을 위배하고 몰래 부처님의 가르침을 어기고도 스스로 고치지 않는다면 끝내 부처의 가호가 없을 것입니다. 마음과 생각을 바꾸어 백성들에게 은혜를 베푸신다면 나라의 운수는 연장될 것이며, 승려와 백성들이 모두 기뻐하며 [폐하께] 의지할 것이고, 설사 목숨을 바치더라도 유감이 없을 것입니다." 석호는 슬픔이 가득 차서 오열했다. 불도징이 반드시 입적할 것을 알게 되었으므로 곧바로 묘혈을 파서 분묘를 조성하도록 했다. 그해 12월 8일, 불도징은 업궁사(鄴宮寺)에서 입적했는데 동진(東晉) 목제(穆帝)의 영화(永和) 4년(348)에 해당한다. 사대부와 백성들 모두 슬퍼하면서 애통해하는 소리에 나라가 흔들리는 것 같았으니 춘추 117세였다. 이어서 임장(臨漳)의 서쪽에 있는 시맥(柴陌)에 묻었는데, 이곳은 바로 석호가 만든 분묘였다.

얼마 후 양독(梁犢)이 반란을 일으켜 그다음 해에 석호가 죽었고, 염민(冉閔)이 후조의 임금을 시해하고 제위에 올라 석씨 일족을 모두 죽였다. 염민의 어릴 때 자는 극노(棘奴)였는데, 불도징이 일찍이 가시나무가 숲을 이룰 것이라고 한 예언은 이것을 말함이었다. 불도징은 왼쪽 가슴 옆에 네다섯 치 크기의 구멍이 배 속까지 통해 있었다. 어떤 때는 배에서 창자를 꺼냈고, 어떤 때는 솜으로 구멍을 막았다. 한밤중에 책을 읽을 때는 잠시 솜을 꺼냈는데, 그러면 방 안이 환해졌다. 또 재일(齋日)이 되면 물가에 이르러 창자를 꺼내 물에 씻고 다시 배에 넣었다. 불도징은 키가 여덟 척에 풍채가 단아했다. 심오한 경전도 잘 이해했으며, 세상의 의론에도 두루 통했다. 설법하는 날은 경전의 종지를 핵심만 설명했으나 설법을 듣는 자들은 처음부터 끝까지 훤히 이해할 수 있었다. 게다가 자비로운 마음을 중생에게 베풀어 위험과 괴로움에서 구해냈다. 두 석씨가 흉포해서 잔혹하게 백성들을 살해하고 무도한 일을 많이 저질렀으니, 만약 불도징이 이 시대에 함께 있지 않았다면 그 누가 간언할 수 있었겠는가? 단지 백성들은 불도징으로부터 날마다 혜택을 입고도 알지 못했다.

불조(佛調), 수보리(須菩提) 등 명승 수십 명이 천축, 강거(康居)에서 수만 리 먼 길을 마다하지 않고 사막을 건너 불도징에게 가르침을 받으러 왔다. 번면(樊沔) 일대에 있던 석도안(釋道安)과 중산(中山) 지방에 있던 축법아(竺法雅)도 관하(關河)를 넘어 설법을 들으러 왔다. [설법을 들은 이들은] 모두 정교한 진리에 통달하게 되었고, 경전의 숨겨진 뜻까지 헤아릴 수 있었다. 불도징은 "태어난 곳은 업성에서 9만여 리 떨어진 곳이며 출가한 지는 109년이 되었다. 술은 입에 댄 적이 없고, 오후가 되면 식사를 하지 않았으며, 계율에 맞지 않는 일은 하지 않았고, 바라거나 구하는 것도 없었다"고 말했다. 가르침을 받으러 오는 이들이 늘 수백 명이나 되었으며, 전후로 제자가 된 이들이 1만 명에 달했다. 주(州)와 군(郡)을 다니면서 절을 세운 것이 893곳이나 되니, 불법을 성하게 한 이로 불도징보다 앞서는 이가 없었다.

당초 석호는 불도징을 염습하면서 생전에 쓰던 석장과 발우를 관 안에 넣었다. 나중에 염민(冉閔)이 제위를 찬탈하고 불도징의 묘를 열어 보았더니 발우와 석장만 있고 시신은 다시 볼 수가 없었다. 어떤 사람이 말하기를, 불도징이 죽던 그 달에 누군가 사막에서 그를 보았다고 했다. 석호도 불도징이 죽지 않았을 것으로 의심해서 묘를 열어 보았더니 시체가 보이지 않았다고 한다. 그 후 모용준(慕容儁)이 업성(鄴城)에 도읍을 정하고 석호의 궁전에 거처했는데, 매일 밤 꿈에 호랑이가 그의 팔뚝을 물기에 마음속으로 석호의 귀신이 해롭게 하는 것으로 여겼다. 이에 그의 시체를 찾게 했더니 동명관(東明館)에서 발굴했는데, 시체가 딱딱하게 굳어 허물어지지 않고 있었으므로 모용준은 시체를 발로 차고 꾸짖었다. "죽은 오랑캐가 감히 살아 있는 천자를 놀라게 하는가? 네가 궁전을 짓긴 했으나 네 아들조차 너를 모해하려고 했거늘, 하물며 다른 사람이랴?" 모용준은 석호의 시체를 매질하고 모욕한 뒤, 장하(漳河)에 던져 버리도록 했다. 시체는 다리 기둥에 붙어서 움직이지 않았다. 후진의 장군 왕맹(王猛)이 시신을 수습

하고 장례를 지냈는데, 마유 선생이 말한 '일주전하(一柱殿下)'란 바로 이것이었다. 나중에 부견(苻堅)이 업성을 정벌하자 모용준의 아들 모용위(慕容暐)가 부견의 장군 곽신호(郭神虎)에게 사로잡혔는데, 그야말로 모용준이 미리 꿈꾸었던 일의 징조와 같았다. 전융(田融)은《후조기(後趙記)》에서, "불도징은 죽기 몇 년 전에 스스로 무덤을 조성했다"고 썼다. 그러나 자신의 무덤이 반드시 열릴 것이고, 또한 시신이 관 속에 없을 것임을 불도징이 알고 있었다면 어찌 [무덤을] 미리 만들게 했겠는가? 아마 전융이 잘못 기재했을 것이다. 불도징의 이름은 불도등(佛圖磴) 또는 불도등(佛圖橙), 불도징(佛圖澄)이라고 부르기도 했는데, 모두 산스크리트어 발음을 다르게 기재했을 뿐이다.

해설

인도에서 발생한 불교는 서기 1세기 전후 중국에 전래되어 위진(魏晉) 시대에 점차 뿌리를 내리고 제량(齊梁) 시대에 이르러 극도의 번영을 구가했다. 중국에서는 대체로 후한(後漢) 중엽부터 인도 불경을 번역했는데, 위진 시대를 거치며 중국 불교에 유가 · 도가 등이 가미되었다. 이처럼 중국 불교는 인도 불경을 번역하는 과정에서 두 나라 고승(高僧)들의 깊은 사색과 열정이 융합되어 독특한 풍격을 이루었다. 예를 들어 서역 출신 고승인 안청[安淸, 안세고(安世高)]과 구마라습(鳩摩羅什)은 인도와 서역 각국의 언어에 능통했는데, 불교를 전파하기 위해 이역만리 타국인 중국에 정착해 불경 번역에 종사하다가 생애를 마쳤다. 또한 도안(道安)과 혜원(慧遠) 같은 중국인 고승들은 열정적으로 경전의 진리를 탐구해 체득하고자 했으며, 중국인들에게 그 진리를 전달하는 일에 평생을 바쳤다. 이와 같이 중국 불교 형성기에 활약한 고승들의 자취는 중국 불교사에서 가장 찬란한 장면을 이루고 있다. 따라서 중국 불교의 형성과 발전 과정을 이해하려면 반드시 그들의 생애와 활동을 이해해야 한다. 그러나 안타깝게도 중국 불교 초기의 고승들에 대한 정보를 수록하고 있는 저작은 그다지 많지 않다. 따라서 혜교(慧皎)의 《고승전(高僧傳)》은 양(梁)나라 이전 초기 중국 불교사 연구에서 빠질 수 없는 가장 귀중한 자료다.

《고승전》 서문에 따르면 당시 이미 10여 종의 승전이 있었다. 그러나 그 승전들은 내용이 지나치게 번쇄하거나 사실과 맞지 않기도 했고, 또한 반드시 실어야 할 고승들이 누락되기도 했다. 혜교는 승전의 체제에 불만을 품고 《고승전》을 새롭게 저술했다.

> 나는 일찍이 한가한 날이면 [뭇 승전을] 열람했다. 틈만 나면 잡다한 책 수십여 종을 탐색하며, 진(晉)·송(宋)·제(帝)·양(梁)의 각종 역사책과 후진(後秦)·후조(後趙)·후연(後燕)·후량(後涼) 등 북쪽 왕조의 연표와 역사책 및 지리서, 잡다한 책과 단편적인 토막글에 이르기까지 두루 찾았다. 아울러 널리 장로들에게 자문을 구하고 여러 고승을 방문해서 사실 여부를 교정해 그 같거나 다른 점을 취사선택했다. 후한 명제(明帝) 영평(永平) 10년(67)에 시작해 양나라 천감(天監) 18년(519)에 마쳤으니 연도로는 453년의 기간이

> 요, 257인의 전기를 수록했으며, 부록으로 덧붙여 실은 승려도 200여 명이었다. 그 덕업을 펼치는 것은 대개 열 가지 사례로 나누었다. 첫째는 역경(譯經), 둘째는 의해(義解), 셋째는 신이(神異), 넷째는 습선(習禪), 다섯째는 명률(明律), 여섯째는 유신(遺身), 일곱째는 송경(誦經), 여덟째는 흥복(興福), 아홉째는 경사(經師), 열째는 창도(唱導)다.[101]

이처럼 혜교는 승전을 창작한 것이 아니라, 기존 자료들을 두루 읽고 수집한 것들을 고증한 후 사실 정보를 중심으로 독자들이 읽기 쉽도록 간결하게 편집했다. 그러므로 그가 수집한 자료들은 비교적 광범위하고 정확하기는 하지만, 가능한 한 많은 자료를 수집하고 정리하다 보니 야사(野史)나 소설류의 기록까지 포함되었다. 이러한 까닭에 《고승전》의 모든 기록을 역사적 사실로 보기에는 무리가 있다. 서문에 따르면 당시 10여 종의 승전, 예를 들어 《삼보기전(三寶記傳)》·《승사(僧史)》·《출삼장기집(出三藏記集)》·《여산승전(廬山僧傳)》·《사문전(沙門

---

101) 탕융퉁(湯用彤) 교주본《고승전(高僧傳)》(北京 : 中華書局, 1992), 524쪽.

傳)》·《명승전(名僧傳)》 등이 있었다고 하지만, 그것들은 주제가 애매하거나, 한 지방의 승려만 다루거나, 내용이 지나치게 번쇄한 결점을 가지고 있었다. 이 때문에 혜교가 남긴《고승전》은 기존 승전의 장점들을 그대로 수용하면서 체제와 형식에서는 완전히 새로운 모델을 채택했다. 그 체제를 구체적으로 살펴보면 이역만리 타국에서 경전을 전파하러 온 승려, 그들이 가져온 경전을 중국어로 옮긴 역경승들의 공로를 다른 어떤 승려들의 행적보다 높이 사서 첫째 편인 〈역경(譯經)〉에 수록했다. 그리고 경전의 진리를 연구하고 사람들에게 널리 설법한 승려의 공로를

고승전	속고승전	송고승전
역경(譯經)	역경(譯經)	역경(譯經)
의해(義解)	의해(義解)	의해(義解)
신이(神異)	습선(習禪)	습선(習禪)
습선(習禪)	명률(明律)	명률(明律)
명률(明律)	호법(護法)	호법(護法)
유신(遺身)	감통(感通)	감통(感通)
송경(誦經)	유신(遺身)	유신(遺身)
흥복(興福)	독송(讀誦)	독송(讀誦)
경사(經師)	흥복(興福)	흥복(興福)
창도(唱導)	잡과성덕(雜科聲德)	잡과성덕(雜科聲德)

그 다음으로 여겨서, 둘째 편인 〈의해(義解)〉에 수록했다. 양대(梁代)에 편찬된 까닭에 후대에 나온 다른 승전과 구분해 《양고승전(梁高僧傳)》으로도 부르는 《고승전》의 체제와 후대 《속고승전(續高僧傳)》·《송고승전(宋高僧傳)》의 체제를 대조해 보면 상호 간의 영향 관계를 분명히 알 수 있다.

비록 《속고승전》에 이르러 〈신이(神異)〉 편이 없어지고 〈송경(誦經)〉·〈경사(經師)〉·〈창도(唱導)〉 편이 〈독송(讀誦)〉·〈잡과성덕(雜科聲德)〉 등으로 바뀌긴 했지만, '십과(十科)'라는 체제뿐만 아니라 〈역경〉·〈의해〉·〈습선(習禪)〉 등의 편명이 맨 처음을 차지하는 체제는 여전히 《고승전》과 동일하다. 이러한 점으로 미루어 볼 때 혜교의 《고승전》은 후세 승전의 전범이 되었다고 해도 과언이 아니다.

이와 같이 중국 불교사 연구에 필수 불가결한 자료인 《고승전》은 그 내용의 방대함과 이해의 어려움 때문에 열람하기 쉽지 않았다. 국내에서는 1998년 동국대 역경원에서 고려대장경판 한글대장경 전역본을 간행하면서 시리즈의 하나로 출간했고, 유월탄 스님이 32명의 고승전기를 선별, 번역해서 1991년 자유문고에서 출간한 적이 있다. 중국에서는 세계적인 불교학자 탕융퉁(湯用彤)이 교주

(校注)해 1992년 중화서국(中華書局)에서 교주본 《고승전》을 출판한 바 있다. 또한 주형푸(朱恒夫) 등이 역주(譯注)한 《신역고승전(新譯高僧傳)》이 2005년 대만 삼민서국(三民書局)에서 출간되었는데, 같은 내용의 책을 《고승전》이란 제목으로 2010년 섬서인민출판사(陝西人民出版社)에서 다시 출간했다. 《고승전》의 원전은 일본의 신수대장경(新脩大藏經) 제50권과 고려대장경 제32권 판본이 유명하다. 그러나 두 판본 모두 표점이 온전히 되어 있지 않기 때문에 이번 번역은 탕융통 교주본을 기본 텍스트로 했다. 그리고 난해하거나 모호한 곳은 대만의 《신역고승전》을 대조해 가며 참조했다.

이 책에서는 《고승전》 가운데 초기 중국 불교사에서 가장 비중이 크다고 판단되는 여섯 명의 고승, 즉 안청·강승회·구마라습·석도안·석혜원·불도징의 전기를 발췌 번역했다. 첫째, 안청(安淸)은 안식국(安息國)의 태자로 태어났다. 그는 부왕의 죽음을 계기로 인생무상을 깨닫고 왕위를 숙부에게 양보한 뒤에 출가해 불도를 닦았다. 안청은 아비달마·좌선 등의 불교 관계 경전은 물론 천문·오행·의학과 서역의 언어에 이르기까지 많은 학문을 섭렵했다고 전한다. 도안(道安)의 《종리중경목록(綜理衆經目錄)》에는 안청이 후한 환제(桓帝) 건화(建和) 2년

(148)부터 영제(靈帝) 건녕(建寧) 2년(169)까지 약 20여 년에 걸쳐 불경을 번역했다고 기록되어 있는데, 그렇다면 그는 최초의 역경승(譯經僧)이라고 할 수 있다. 《고승전》 첫머리에 후한 명제(明帝) 때 섭마등(葉摩騰)·축법란(竺法蘭) 등이 《사십이장경(四十二章經)》을 최초로 번역했다는 내용이 있지만, 《사십이장경》 자체는 독립된 경전이 아니라 여러 경전에서 중요한 구절을 모아 편집한 발췌본일 뿐만 아니라 편찬 시기도 그다지 이르지 않기 때문에 오늘날의 학자들은 섭마등·축법란이 최초의 역경승이라는 《고승전》의 기록에 대해 회의하고 있다. 한편 《고승전》에 실려 있는 〈안청전〉은 위대한 인물의 전기를 다루기 때문인지 아니면 역사적 자료가 부족하기 때문인지는 알 수 없으나 민간 전설을 주로 수록하고 있어 이러한 기록들이 역사적 사실인지는 검증이 필요하다. 예를 들어 안청이 39종의 불교 경전을 번역했다고 서술되어 있으나, 학자들은 《안반수의경(安般守意經)》·《음지입경(陰持入經)》·《인본욕생경(人本欲生經)》·《대도지경(大道地經)》 등 몇 종만을 확실하게 그의 번역으로 입증할 수 있다고 주장한다. 또 안청이 공정호를 지나다가 그 일대 주민들이 신령으로 신봉하던 전생의 동료를 제도했다는 이야기가 있다. 이 설화의 신뢰성을 확신할 수는 없지만 《선험기(宣驗

記)》 등 불교 설화를 전하고 있는 육조 시대 지괴소설집 여러 곳에서 동일한 이야기를 인용하고 있기 때문에 당시 널리 퍼져 있던 민간 전설로 보인다. 또 광주(廣州)까지 여행을 갔던 안청이 전생에 빚을 졌던 어떤 소년의 칼에 맞아 사망하게 되었는데, 그가 이것을 미리 알고 여행을 갔다는 이야기는 안청을 위대한 인물로 묘사하고자 했던 혜교의 고심이 아니었을까 의심스럽다.

둘째, 강승회(康僧會)는 서역 강거국(康居國) 출신이나 선조는 인도에서 살았고, 부친 때에는 교지(交阯)에 거주했다. 《고승전》에서는 10여 세가 될 무렵 출가했다고 하지만 강승회 자신이 직접 기술한 〈안반수의경서(安般守意經序)〉에는 능히 땔나무를 질 수 있을 무렵 부모님이 돌아가시고 또 스승 세 분을 여의었다고 기록되어 있다. 《고승전》은 오나라에 불교를 전파한 강승회의 이적(異蹟) 두 가지를 소개하고 있다. 하나는 오나라 적오(赤烏) 10년(247) 건업(建業)에 도착해 오왕 손권(孫權)을 만난 이야기다. 손권이 사리를 보아야 불교를 믿겠다고 하자, 강승회는 21일 동안 밤낮으로 기도해 사리병에 사리가 나타나는 기적을 만들었다. 손권이 장사를 시켜 쇠망치로 사리를 치게 했으나 사리가 멀쩡했으므로 크게 감복해 불탑을 세우고 사원의 이름을 건초사(建初寺)라고 정했다. 또 하나는 손권의 손자인 오왕 손호(孫皓)와 관련한 이야기다. 손호가 성격이 포악해 불교를 믿지 않고 궁중 후원에서 발견된 금불상에 소변을 보는 등 기행을 저지르다 온몸에 종기가 났는데, 불교를 믿는 궁녀의 권유로 금불상을 향탕으로 깨끗이 씻기고 회했더니 깨끗이 나았다. 그 후 손호는 강승회의 설법을 듣고 불교에 귀의했다. 이 두 가지 이적은 앞서 소개한 안청의 전설과 마찬가지로 초기의 역경승이었던 강승회를 존경하는 마음에서 만들어 낸 전설로 여겨진다. 강승회가 손권과 손호 모두의 지지를 받았다는 것은 사료에서 찾아볼 수 없기 때문이다. 그러나 강승회는 《육도집경(六度集經)》·《오품(吳品)》 등을 번역했고, 《안반수의경(安般守意經)》 등 적지 않은 경전의 서문을 지은 바도 있기 때문에[102] 초기의 역경 시대에 그가 상당한 역할을 한 것에는 의문의 여지가 없다.

셋째, 구마라습(鳩摩羅什, 344~413)은 서역 출신 승려로 중국 불교 초기 최고의 역경승이다. 부친 구마염(鳩摩炎)은 원래 승려였으나 구자국왕의 여동생과 결혼하면서

---

102) 강승회는 일부 경전을 번역했을 뿐 아니라 〈안반수의경서(安般守意經序)〉·〈법경경서(法鏡經序)〉 등의 서문을 지었는데[승우의 《출삼장기집(出三藏記集)》 권6], 이로 미루어 보면 그가 초기 역경 시대에 상당히 중요한 역경가였음을 짐작할 수 있다.

환속했고, 어머니는 훗날 출가해 유명한 비구니가 되었다. 이에 따라 구마라습도 어릴 때 사미가 되었으며 아홉 살이 넘을 무렵 계빈국에 이르러, 반두달다(槃頭達多)를 스승으로 모시고 그로부터 《중아함경》·《장아함경》 등 소승 경전 4백만 언을 배웠다. 열 살 때 이미 소승불교 학승(學僧)으로 대단한 명성을 누렸고, 열두 살 때 어머니가 그를 데리고 사륵국(沙勒國)으로 가자 사륵국왕이 그에게 법좌를 마련해 주었으므로 그 나라의 법사가 되었다. 사륵국에서 대승의 논사인 수리야소마(須利耶蘇摩)로부터 대승불교의 종지를 배워 대승과 소승의 진리에 두루 능통하게 되었다. 그 후 구마라습은 10대의 나이에 구자국에 머물면서 대승불교와 소승불교를 전파해 서역 일대에서 커다란 명성을 떨쳤다. 전진(前秦)의 건원 13년(377), 중국 북방을 통일한 부견(苻堅)은 구마라습의 명성을 듣고 그를 초빙하는 사신을 구자국에 보냈으나 뜻을 이루지 못했다. 건원 18년(382), 부견이 장군 여광(呂光)을 보내 구자국을 공격하고 구마라습을 포로로 잡아 본국으로 보내라고 명했다. 여광은 구자국을 멸망시키고 구마라습을 포로로 잡은 뒤, 중국으로 귀환하려고 했다. 그러나 강남 지방을 정벌하려던 부견이 정벌에 실패해 전진 왕조가 붕괴하자 귀국 도중에 스스로 고장성(姑臧城)에서 제위에 올랐다. 구마라습은 당시 여광의 왕사 노릇을 하면서 양주(凉州)에서 중국 문화를 깊이 접했다. 후진(後秦) 홍시(弘始) 3년(401), 요흥(姚興)은 군대를 보내 여씨 일가를 멸망시키고 구마라습을 장안으로 데려와 왕사(王師)로 예우했다. 요흥은 서명각(西明閣)과 소요원(逍遙園)을 두어 불경을 번역하도록 하고, 아울러 승려 3000명으로 하여금 구마라습의 역경 사업을 돕도록 했다. 대승불교와 소승불교에 두루 능통한 구마라습이 불경의 번역을 지휘하자 중국 불교는 최초로 황금기를 맞이했다. 《법화경(法華經)》·《유마경(維摩經)》·《금강경(金剛經)》·《대품반야경(大品盤若經)》·《묘법연화경(妙法蓮華經)》·《아미타경(阿彌陀經)》·《성실론(成實論)》·《중론(中論)》 등 오늘날 우리에게 잘 알려진 불교 경전은 대부분 구마라습과 그 제자들이 번역했다. 현장법사 이전 중국 불경 번역의 일인자는 구마라습이라고 해도 과언이 아니다.

넷째, 석도안(釋道安, 312~385)은 석혜원과 더불어 동진 시대 중국 불교 발전의 토대를 마련한 큰 학승이다. 본래 유학자 집안에서 태어났으나 부모가 일찍 별세한 뒤, 열두 살의 어린 나이로 출가했다. 그는 비록 외모가 추루했으나 놀라운 기억력과 타고난 총명으로 스승들을 놀라게 했으며, 북방 불교를 중흥시켰던 불도징(佛圖澄)의 문하에서도 그 식견과 능력을 크게 인정받았다. 불도징이 죽고 후조의 석씨들이 망하는 변란이 일어나자 석도안은 난을 피해 태항산과 양양(襄陽) 일대에서 불교를 전파하는 한편, 뛰어난 제자 수백 명을 길러 중국 불교가 새로운 국면으로 발전하게 했다. 석도안과 그 제자들은 인도에서 전래된 불교 경전의 내용을 깊이 이해하고, 새로 번역된 경전에 상세한 주석을 달았다. 중국 불교 전파 초기의 혼란한 상황에서 경전의 저자 문제나 위경(僞經) 등 여러 가지 문제점이 발생했으므로, 도안은 광범위하게 자료를 수집하고 근거가 있는 자료와 없는 자료, 저자가 분명한 자료와 애매한 자료를 명백히 구분하기 위해 최초의 경전 목록인 《종리중경목록(綜理衆經目錄)》을 편찬했다.[103] 이 목록은 후대의 대장경 목록 작업에 큰 영향을 미쳤다. 그의 이러한 노력으로 오늘날 안개 속에 가려졌던 중국 불교

103) 중국에 처음 인도 불교가 전래되었을 때, 통일된 교단 조직 또는 왕조의 지지가 없었기 때문에 인도 불경의 번역 작업은 여러 곳에서 무질서하게 이루어졌다. 그 결과 동일한 판본을 여러 차례 중복해서 번역하는가 하면 심지어 원본 확인이 전혀 불가능한 가짜 경전까지 만들어졌다. 석도안은 이러한 상황을 애석하게 여기고 제자들과 더불어 경서의 진위를 연구하는 한편, 그때까지 누구도 시도하지 못했던 경전의 목록 작업을 시도, 저자와 판본, 이본(異本)의 존재 등을 기본적으로 정리했다.

전파의 초기 상황을 일부라도 짐작해 볼 수 있다.

다섯째, 석혜원(釋慧遠, 334~416)은 석도안과 더불어 중고(中古) 시대 중국 불교의 초석을 마련한 위대한 학승이다. 출가하기 전 청년 시절에는 유교와 도교 연구를 통해 뛰어난 학자로 인정받았다. 그러나 훗날 태항산에서 석도안을 만나서 제자가 된 뒤, 그때까지 열중했던 유교와 도교를 깨끗이 버리고 불경 연구에 온 힘을 기울였다. 혜원은 유교와 도교 경전에 해박한 지식을 가지고 있어 불교를 처음 접하는 이에게도 유교, 도교와 비교하며 불교의 진리를 쉽게 설명할 수 있었다. 그의 뛰어난 이해력을 높이 산 석도안은 제자들 중에서 혜원에게만 외전(外典)을 보아도 좋다는 특전을 주었다. 혜원은 스승인 도안을 지극히 신봉해 20여 년 동안 그를 모시며 불교의 깊은 종지를 가장 오랫동안 배웠다. 전진의 부견이 양양을 함락하고 석도안을 왕사로 초빙하자, 난리를 피하려고 도안의 교단은 흩어질 수밖에 없었다. 이후 혜원은 여산(廬山)의 동림사(東林寺)에 주석하면서 세속과는 일체 발을 끊고 불교 연구에 전념했는데, 이후 세상의 명사와 은사들은 그의 덕망과 인품을 사모해 끊임없이 그를 방문했다. 혜원은 나중에 여러 명사들과 더불어 결사를 조직하고 무량수불 앞에서 서방정토에 태어나기를 기원했다고도 한다. 이런 까닭에 정토종에서는 혜원을 정토종의 개조로 보기도 한다. 동진의 권력자였던 환현(桓玄)이 은밀히 제위에 오를 준비를 하면서 승려들이 왕에게 예의를 표하지 않는 것은 예법이 아니라고 비난했을 때, 혜원은 곧바로 〈사문왕자불경론(沙門王者不敬論)〉을 지어 종교와 세속의 충효 관념이 다르다는 점을 지적했다. 결국 환현이 한 발 물러남으로써 혜원의 명성은 더욱 높아졌다.

여섯째, 불도징(佛圖澄, 232~348)은 서역 사람으로 본래 성은 백(帛)씨이며 유명한 고승이었다. 일찍이 진나라 회제 영가 4년(310)에 낙양으로 와서 불교를 전파할 기회를 보았으나 유요의 군대가 낙양을 침범함에 따라 그러한 소망을 이루지 못했다. 그 후 후조(後趙)를 세운 석륵(石勒)이 두각을 드러내자 석륵의 부하 장군 곽흑략(郭黑略)을 우선 교화하고, 이어서 그의 소개로 석륵의 왕사가 된다. 《고승전》〈신이(神異)〉 편에는 불도징의 전기만 실린 것이 아니라 그의 신통력에 대한 이야기도 도처에서 나타난다. 이 때문에 일반적으로 불도징을 단지 신비로운 승려 정도로 이해하기 쉽지만 사실은 그렇지 않다. 후조 석륵에게 왕사로 대우받으면서 가는 곳마다 세운 절이 893곳, 석도안같이 뛰어난 제자를 비롯해 전후로 받아들인 제자가 1만여 명이라 하니, 북조(北朝)에서 불교가 융성한 것은 불도징으로부터 비롯되었다고도 할 수 있다. 불도징은 석륵과 석호 2대에 걸쳐 왕사를 지내면서 죽음의 위기에 처한 많은 사람들을 구하고, 석씨의 정치가 지나치게 포악한 방향으로 흐르지 않도록 만들었다. 그러나 제자들, 특히 석도안처럼 뛰어난 인물들이 주로 남방에서 활약하는 바람에 불도징의 설법이라든가 종교적 주장은 당시에 거의 소개되지 못했다. 이러한 까닭에 그는 오랫동안 학문적 조명을 받지 못했다. 혜교 역시 당시 민간에 광범위하게 퍼져 있던 불도징의 전설과 야사를 《고승전》에 수록했는데, 당시 북방 불교의 발전 과정에서 불도징이 이룬 탁월한 공헌을 생각한다면 그의 역사적 공헌은 마땅히 재평가해야 할 것이다.

이상 여섯 고승은 역경 분야에서 탁월한 능력을 발휘했거나, 불교 철학 연구에 탁월한 능력을 보이기도 했고, 정치적 재능이나 신통력이 뛰어나 도탄에 빠진 백성들을 구원하기도 했다. 이 여섯 명의 고승은 각자 다른 능력으로 불교 발전에 기여했는데, 이들을 빼고 초기의 중국 불교사를 서술한다는 것은 불가능하다. 이들의 전기만으로 《고승전》의 전모를 파악하려고 하는 것은 장님이 코끼리를 만지는 격이나, 중국 불교 성립기의 승려들이 어떠한 활약을 했는지는 충분히 짐작할 수 있을 것이다.

지은이에 대해

석혜교(釋慧皎, 497~554)는 중국 남조(南朝) 양(梁)나라 때의 승려로 회계현(會稽縣) 상우[上虞, 현재의 절강성(浙江省) 소흥(紹興)] 사람이다. 당(唐)나라 때 도선(道宣)이 지은 《속고승전(續高僧傳)》에 실린 혜교의 전기를 살펴보면 다음과 같다.

> 석혜교가 어느 부족 사람인지 자세히 알 수는 없으나 회계현(會稽縣) 상우(上虞) 사람이라고 전한다. 불경과 세속의 책에 통달했고, 경전과 율장을 널리 배웠다. 가상사(嘉祥寺)에 주석하면서 봄과 여름에는 불교를 알리는 데 힘썼고, 가을과 겨울에는 불교 저술에 힘썼다. 《열반경의소(涅槃經義疏)》 10권과 《범망경소(梵網經疏)》를 편찬했는데 세상에 두루 퍼졌다. 또한 보창(寶唱)이 편찬한 《명승전(名僧傳)》에 소홀히 처리한 곳이 많았으므로 마침내 체제를 넓히고 정비하며 예를 들어서 《고승전》 한 책 14권을 지었다.[104]

《속고승전》에 보이는 혜교에 관한 기록은 매우 간략한데, 이를 통해 그가 주로 가상사(嘉祥寺)에 머물면서 포교와 저술 활동을 했다는 것과, 비록 현재 전하지는 않으나 혜교 시대에 존재했던 여러 승전(僧傳)의 내용이 사실과 다르거나 누락된 부분이 많은 점에 불만을 갖고 《고승전》을 저술했다는 것을 알 수 있다.

104) 도선(道宣), 《속고승전(續高僧傳)》, 대정신수대장경(大正新脩大藏經) 제50권, 471쪽.

옮긴이에 대해

변귀남(卞貴南)은 중국 고전소설을 전공하고 2002년 영남대학교에서 〈六朝 佛敎類 志怪小說 硏究〉로 박사학위를 취득했다. 현재 대구한의대학교에 재직 중이다. 주요 논문으로 〈漢譯經典과 佛敎類 志怪小說의 영향관계 소고〉, 〈《高僧傳》의 志怪的 서사형식 소고〉, 〈《百喩經》의 寓言特色 小考－《列子》와의 비교를 중심으로－〉, 〈《雜寶藏經》의 本生故事 小考〉, 〈《六度集經》의 寓言特色 小考〉, 〈《法苑珠林》'六道'篇 小考－感應緣의 志怪故事를 중심으로〉, 〈韓 · 中僧傳의 神異的 敍事方式 比較－《高僧傳》과 《三國遺事》를 중심으로－〉, 〈譬喩系佛典 敍事特性 試論－《舊雜譬喩經》을 중심으로〉 등이 있다.

원서발췌 고승전

지은이 석혜교
옮긴이 변귀남
펴낸이 박영률

초판 1쇄 펴낸날 2014년 4월 25일
개정1판 1쇄 펴낸날 2026년 2월 26일

커뮤니케이션북스(주)
출판등록 제313-2007-000166호(2007년 8월 17일)
02880 서울시 성북구 성북로 5-11
전화 (02) 7474 001, 팩스 (02) 736 5047
commbooks@commbooks.com
www.commbooks.com

지식을만드는지식은
커뮤니케이션북스(주)의 고전 출판 브랜드입니다.

ISBN 979-11-430-1822-9 03220

책값은 뒤표지에 있습니다.